北京市经济与社会发展研究所绿色金融课题组

PRIMARY RESEARCH OF
THE DEVELOPMENT OF
BEIJING'S GREEN FINANCE

北京绿色金融
发展初探

王广宏 等◎著

经济管理出版社
ECONOMY & MANAGEMENT PUBLISHING HOUSE

图书在版编目（CIP）数据

北京绿色金融发展初探/王广宏等著．—北京：经济管理出版社，2018.12
ISBN 978－7－5096－6112－3

Ⅰ.①北…　Ⅱ.①王…　Ⅲ.①地方金融事业—经济发展—研究—北京　Ⅳ.①F832.71

中国版本图书馆 CIP 数据核字（2018）第 241959 号

组稿编辑：曹　靖
责任编辑：张巧梅
责任印制：黄章平
责任校对：赵天宇

出版发行：经济管理出版社
（北京市海淀区北蜂窝 8 号中雅大厦 A 座 11 层　100038）
网　　址：www. E－mp. com. cn
电　　话：（010）51915602
印　　刷：北京玺诚印务有限公司
经　　销：新华书店
开　　本：720mm×1000mm/16
印　　张：11
字　　数：191 千字
版　　次：2018 年 12 月第 1 版　　2018 年 12 月第 1 次印刷
书　　号：ISBN 978－7－5096－6112－3
定　　价：68.00 元

本书课题组人员

课题组组长：王广宏

课题组成员：于国庆　李星坛

高　瞻　周晓娜

宁子涵　王铁铮

序　言

绿色是大自然的底色，象征着健康、持久、富有生命力，绿色是协调的、多样性的、公平和有序的，绿色是永续发展的必要条件和人民对美好生活向往的重要体现。绿色发展是我国可持续发展基本国策的应有之义，在国家推动实现“两个一百年”奋斗目标的进程中具有时代特征。《中共中央关于制定国民经济和社会发展第十三个五年规划的建议》中明确提出了“创新、协调、绿色、开放、共享”五大发展理念。党的十九大要求坚定不移贯彻新发展理念，提出“必须坚持节约优先、保护优先、自然恢复为主的方针，形成节约资源和保护环境的空间格局、产业结构、生产方式、生活方式，还自然以宁静、和谐、美丽”。绿色已经成为新时代我国经济社会发展的底色。

近年来，北京市积极贯彻落实《京津冀协同发展规划纲要》，着力推进创新驱动和城乡经济社会一体化发展，取得了一定成效。城市功能进一步优化，生态环境明显改善，民生状况持续向好，经济发展质量不断提高，综合经济实力、科技创新能力和国际影响力都迈上了新台阶。但北京自身发展过程中面临的一些突出矛盾和问题，特别是人口资源环境矛盾以及由此引发的交通拥堵、环境污染等“大城市病”，并没有得到很好的解决，地区经济乃至社会治理承受了来自环境方面的严重制约和巨大压力，经济社会发展亟待加速向绿色、可持续模式转型。结合实际贯彻新发展理念，落实党中央国务院《生态文明体制改革总体方案》，全面推进生态文明建设和绿色发展，是新时代北京的战略选择。

北京市经济社会发展向绿色、可持续模式转型需要金融助力。绿色金融可以通过资金传导机制将企业环境成本内部化，对过剩产能和高耗能、高污染行业进行融资制约，为绿色项目提供资金保障，促使企业把握绿色发展机遇。发展绿色金融是践行绿色发展理念、推进转型发展的必然要求和可行手段。作为全国的金融管理中心，北京拥有丰富的金融资源。如何更好地利用北京的金融资源优势为绿色发展服务，构建市场导向的绿色技术创新体系，发展绿色金融，实现金融资源与绿色发展需求之间的高效对接，是我们需要研究和解决的重要问题。

为此，北京市经济与社会发展研究所在财政部门的支持下开展了“北京市绿色金融发展研究”工作。本书是在“北京市绿色金融发展研究”报告的基础上大幅度深化完成的，阐述了绿色金融的意义、我国绿色金融发展现状、北京绿色金融发展状况及存在问题，并在借鉴国际绿色金融发展经验的基础上，提出了北京绿色金融发展的战略选择以及对策建议。本书是在王广宏副所长主持下，由课题组成员共同完成的。王广宏副所长负责总体思路拟定及框架设计。各章撰稿人员为：第一章高瞻，第二章王铁铮，第三章周晓娜，第四章宁子涵，第五章王广宏、于国庆、李星坛、高瞻、周晓娜、宁子涵、王铁铮，第六章王广宏，第七章李星坛。全书由于国庆统稿。

研究人员先后到北京、上海、深圳等地的金融机构、企业、政府机关以及中介服务机构等进行了大量调研，并就一些重点难点问题进行了多次研讨。北京市发展和改革委员会、北京市金融工作局等单位许多领导和专家对本书给予了热情支持或大力指导，我们在此一并表示衷心感谢！

由于绿色金融是一个新生事物，涉及的专业领域很多，也限于课题组的研究水平和工作深度，本书难免有不当和纰漏之处，恳请读者批评指正。

作者

2018 年 3 月

目　录

第一章　绿色金融概念和意义

内容提要：首先本章提出绿色金融是有“绿色”导向的金融活动，是通过一系列金融制度、金融政策、金融工具与金融服务的系统性、创新性安排，对环保、节能、清洁能源、绿色交通、绿色建筑等领域的项目投融资、项目运营、风险管理等所提供的金融服务。其次，提出绿色金融已成为国家战略布局的重要内容，是中国大国形象战略实施的“助推器”，是我国提升全球经济治理制度性话语权的战略机遇。最后，提出发展绿色金融有助于形成“绿色责任”认同、促进美丽中国建设、治理北京“大城市病”。

生态环境问题已成为当今世界各个国家和地区共同面临的重大课题。传统的只注重追求经济利益，较少顾及生态环境的经济发展模式已不可持续，绿色发展理念应时而生，绿色发展已经在全球范围内成为一个重要趋势，许多国家和地区把发展绿色产业作为推动经济结构调整的重要举措，突出绿色的理念和内涵。目前，绿色经济已经成为全球许多国家和地区经济发展的主基调，与此相适应，绿色金融体系建设成为很多国家着力发展的一个重点。

一、绿色金融的概念

绿色金融的出现源于人们对环境保护和可持续发展的关注。绿色金融的概念于 1997 年被首次提出。从国际、国内来看，目前已有许多有关绿色金融的界定。本书从国际上有影响力的研究成果、国内较具影响力的研究成果、国内政府出台的重要文件三个层面各选取了一个有关绿色金融较具权威性和代表性的界定（见表1－1）。从表1－1中有关绿色金融定义的具体内容以及对三个定义所进行的分析中可以看出，绿色金融的本质是通过对金融制度、金融政策、金融工具与金融服务等进行创新，并将金融资源引导至能产生生态环境效益的领域中去，在寻找资本逐利空间和保护生态环境之间把握平衡，以促使经济、社会可持续发展。根据国家七部委联合发布的《关于构建绿色金融体系的指导意见》（银发〔2016〕228号）中对绿色金融概念的阐释及其他相关表述，我们认为，绿色金融是有“绿色”导向的金融活动，是通过一系列金融制度、金融政策、金融工具与金融服务的系统性、创新性安排，对环保、节能、清洁能源、绿色交通、绿色建筑等领域的项目投融资、项目运营、风险管理等所提供的金融服务。绿色金融体系是指通过绿色信贷、绿色债券、绿色股票指数和相关产品、绿色发展基金、绿色保险、碳金融等金融工具和相关政策支持经济向绿色化转型的制度安排，上述这些金融活动的参与主体包括政府、金融机构、非金融机构企业、中介服务机构、家庭等。

表1－1　绿色金融界定及分析

定义来源	定义内容及分析		
	具体内容	开展绿色金融目的	操作方式
《G20综合报告》	绿色金融是指能产生环境效益以支持可持续发展的投融资活动。这些环境效益包括减少空气、水和土壤污染，降低温室气体排放，提高资源使用效率，减缓和适应气候变化并体现其协同效应等。发展绿色金融要求将环境外部性内部化，并强化金融机构对环境风险的认知，以提升环境友好型的投资和抑制污染型的投资。绿色金融应该覆盖各种金融机构和金融资产。绿色金融既要利用公共资金，也要动员私人资本。绿色金融还涉及整个金融体系对环境风险的有效管理①	支持可持续发展	提升环境友好型的投资和抑制污染型的投资、管理环境风险

① G20绿色金融研究小组：《G20绿色金融综合报告》，2016年9月5日。

续表

定义来源	定义内容及分析		
	具体内容	开展绿色金融目的	操作方式
《中国绿色金融发展与案例研究》	绿色金融是指一类有特定“绿色”偏好的金融活动。在这类金融活动中，金融机构在投融资决策中充分考虑环境因素的影响，并通过一系列的体制安排和产品创新，将更多的资金投向环境保护、节能减排、资源循环利用等可持续发展的企业和项目，同时降低对污染性和高耗能企业和项目的投资，以促进经济的可持续发展。绿色金融活动本质上是一系列金融工具、市场机制和监管安排的加总，即以金融工具创新为载体，借助法律、政策和监管，培育产生一个支持绿色产业发展的细分金融市场。绿色金融也包括金融企业自身办公运营的节能安排、资源节约的绿色化①	促进经济的可持续发展	通过一系列的体制安排和产品创新，将更多的资金投向环境保护、节能减排、资源循环利用等可持续发展的企业和项目，同时降低对污染性和高耗能企业和项目的投资
《关于构建绿色金融体系的指导意见》	绿色金融是指为支持环境改善、应对气候变化和资源节约高效利用的经济活动，即对环保、节能、清洁能源、绿色交通、绿色建筑等领域的项目投融资、项目运营、风险管理等所提供的金融服务	支持环境改善、应对气候变化和资源节约高效利用的经济活动	对绿色领域的项目投融资、项目运营、风险管理等提供金融服务

二、绿色金融在我国经济社会发展中的战略地位

党的十八大把生态文明建设纳入中国特色社会主义事业“五位一体”总体布局，明确提出“把生态文明建设放在突出地位，融入经济建设、政治建设、文化建设、社会建设各方面和全过程。”2015 年 4 月，党中央、国务院发布了《关于加快推进生态文明建设的意见》（中发〔2015〕12 号），吹响了加快绿色发展的号角。2015 年 10 月，中共十八届五中全会提出了“创新、协调、绿色、开放、共享”五大发展理念。其中，“绿色发展”是指导我国“十三五”时期乃至

① 马俊等：《中国绿色金融发展与案例研究》，中国金融出版社 2016 年版。

今后更长一段时期发展的新思路。[①] 为了促使新理念、新思路真正“落地”，国家层面提出要构建绿色金融体系，2016 年 8 月中国人民银行等七部委发布提出了《关于构建绿色金融体系的指导意见》（银发〔2016〕228 号）（以下简称《指导意见》），我国绿色金融发展正式启动。之后，党的十九大报告明确要加快生态文明体制改革，建设美丽中国。提出要构建市场导向的绿色技术创新体系，发展绿色金融，壮大节能环保产业、清洁生产产业、清洁能源产业。

（一）绿色金融已成为国家战略布局的重要内容

发展绿色金融是实现绿色发展的必然要求。绿色金融已在国家战略层面形成高度共识。一方面，《生态文明体制改革总体方案》（中发〔2015〕25 号）（以下简称《总体方案》）首次将绿色金融纳入顶层设计。《总体方案》提出“建立绿色金融体系”，并从绿色信贷、资本市场、绿色发展基金、担保机制、责任保险制度等方面提出了构建绿色金融体系的具体措施。这些措施主要有以下两大着力点：一是通过鼓励加大绿色信贷发放力度、研发绿色股票指数、支持发行银行和企业绿色债券、鼓励绿色信贷资产证券化、设立绿色发展基金等完善绿色金融产品体系。二是通过建立上市公司环保信息强制性披露机制、完善节能低碳和生态环保项目的担保机制、建立环境污染强制责任保险制度、建立绿色评级体系以及公益性的环境成本核算和影响评估体系等，逐步健全完善绿色金融的生态环境体系。另一方面，国家“十三五”规划明确了“绿色金融”的重要内容。国家“十三五”规划在发展理念部分提出了“必须坚持节约资源和保护环境的基本国策，坚持可持续发展，坚定走生产发展、生活富裕、生态良好的文明发展道路，加快建设资源节约型、环境友好型社会，形成人与自然和谐发展现代化建设新格局，推进美丽中国建设，为全球生态安全做出新贡献”。国家“十三五”规划提出的主要目标之一为“生态环境质量总体改善”，具体包括“生产方式和生活方式绿色、低碳水平上升。能源资源开发利用效率大幅提高，能源和水资源消耗、建设用地、碳排放总量得到有效控制，主要污染物排放总量大幅减少。”并且，国家“十三五”规划中就“加快改善生态环境”提出了若干建议。其中，在“发展绿色环保产业”部分明确提出要“建立绿色金融体系，发展绿色信贷、绿色债券，设立绿色发展基金。”可见，构建绿色金融体系已上升为国家战略。

---

① 胡旭：《绿色金融，有“情怀”更要有行动》，《安徽日报》，http：//www. 71. cn/2015/1109/846642. shtml，2016 -9 -6。

（二）绿色金融是中国大国形象战略实施的“助推器”

长期以来，我国国内碳排放规模大、水污染、空气污染、垃圾污染、资源超采等生态环境问题日益严峻。另外，我国大量企业在“走出去”的过程中，所投资的项目多次发生过环境污染事故，对国家形象造成了不良的影响。

发展绿色金融，通过绿色金融的引导与支持，强化企业的环境意识和履职责任，既有助于推动节能减排和环境质量改善，也有助于塑造和维护我国负责任大国的国际形象。一是绿色金融可以通过设计多种金融工具和交易方式，发挥杠杆作用，引导市场资本的投向，提供与企业“走出去”相匹配的绿色金融供给，促进经济发展，同时改善和保护相关国家的生态环境，推动可持续发展。比如，中国农业银行通过在伦敦证券交易所发行上市绿色债券募集的资金，所将投放的绿色项目既要符合在国际上通行的《绿色债券原则》中的相关规定，又需经有资质的第三方认证机构审定，项目覆盖清洁能源、可再生能源、垃圾及污水处理等多个领域。二是通过采用金融手段优化配置资源，引导更多的金融资源投向绿色产业，以及通过设计监测机制管控环境和社会风险，有助于减少生态环境破坏给投资项目运营所带来的不可控性，以及给投资者带来的不必要的损失。三是绿色金融的发展有助于增强金融机构国际投资的“绿色意识”。在经济国际化发展的过程中，绿色金融理念的推广与绿色金融工具的应用有助于促使金融机构在制定国际投资策略时不仅满足相关利益全体的短期需求，而且注重顾及投资项目所属地区的长期发展需求。比如，亚洲基础设施投资银行的投资方向之一是生态环保等项目的建设。未来，丝路基金和亚洲基础设施投资银行在投资决策中也将践行绿色金融理念，在相关投融资中高度重视生态环境保护和社会风险管理。①

（三）绿色金融是我国提升全球经济治理制度性话语权的战略机遇

目前，国际绿色金融领域只有一些自愿性的原则和标准，它们主要是由发达国家的民间机构制定的，比如责任投资原则、赤道原则、金融机构能源效率声明等，这些原则和标准的影响较小。但是，未来随着绿色金融成为全球可持续发展的主潮流，相关规则的意义将逐步凸显。我国在这方面已经占据了主动地位，这对提高我国在全球经济治理中的制度性话语权具有重要的战略意义。

---

① 王文：《绿色金融可能帮助中国弯道超车》，http：//finance. sina. com. cn/zl/china/2016 - 08 - 18/zl - ifxvcsrn8523250. shtml，原载《中国金融》，2016 - 8 - 18。

一方面，我国在发展绿色金融的过程中，已显示出制定绿色金融领域规则的优势和实力。在绿色金融发展规模方面，目前我国的绿色债券规模已经居于全球领先地位。我国即将建立的碳市场规模也将在全球处于领先地位。绿色金融政策体系方面，我国出台了《关于构建绿色金融体系的指导意见》（银发〔2016〕228号）（以下简称《指导意见》），这是迄今为止我国关于发展绿色金融最为系统的一个政策框架。《指导意见》的出台，表明我国已经成为绿色金融体系建设的先行者。《指导意见》提出，要“广泛开展绿色金融领域的国际合作”。我国将继续携手其他经济体，共同推动全球绿色金融的发展。另一方面，我国正在成为绿色金融领域规则的书写者。2012年，银监会联合世界银行集团国际金融公司召开了首届“绿色信贷论坛”。在银监会的倡导下，成立了“新兴市场绿色信贷跨国工作组”（SBN），银监会成为跨国工作组常任主席。此后，银监会联合国际金融公司建立了绿色信贷互联网交流平台，积极推动各国监管部门和金融机构在绿色信贷方面的互联、互通、互动。① 2016年9月3日，我国与美国率先批准了《巴黎协定》，这对推动全球应对气候变化具有里程碑式的意义②。2017年6月2日，美国宣布退出《巴黎协定》，将我国推上了“应对气候变化的领导者”的位置。2016年9月4~5日，我国将绿色金融列入G20议题，G20杭州峰会发布的公报写入了关于支持在全球范围内发展绿色金融的重要共识，这给G20进程深深地烙下了“中国印记”。2017年，德国作为G20主席国，宣布将继续在G20财金渠道讨论绿色金融议题③。随着进一步的发展，我国在全球治理和国际组织中的影响力将更大，我国主导或参与制定的绿色金融规则将越来越多地为全球资本市场所接受。

三、发展绿色金融的重要意义

党的十八届五中全会首次提出“创新、协调、绿色、开放、共享”的五大发展理念，绿色发展是以效率、和谐、持续为目标的经济增长和社会发展方式，

① 钱立华：《中国银行业绿色金融国际合作的实践》，《中国金融》2017年第4期。

② 优品财富：《绿色金融该怎么玩儿?》，http：//cj. sina. com. cn/article/detail/5873515452/60875，2016-9-12。

③ 姜楠、包兴安：《中国绿色金融“价值标准”首次被境外资本市场采纳》，《证券日报》，http：//www. ccstock. cn/finance/hongguanjingji/2017-03-21/A1490029218192. html，2017-3-21。

绿色发展离不开金融的支持。作为绿色导向的金融产品和金融活动，绿色金融有助于遵循绿色发展理念，服务国家发展战略，推动绿色发展和美丽中国建设。

（一）发展绿色金融有助于牢固树立绿色发展理念，形成“绿色责任”认同

随着绿色金融的不断推进和实施，相关法律体系会逐步健全，环保意识会逐步深入人心，既有助于增强企业、公众保护环境的社会责任感，也有助于全社会树立绿色发展理念，形成“绿色责任”认同。

1. 绿色金融的发展有助于通过推进相关法律体系建设，巩固绿色发展理念

绿色金融在发展过程中会面临一些环境风险和金融风险，为避免这些风险，需要找到金融、可持续发展、法律保障的最优结合点，建立以可持续发展为最终目标的绿色金融法律体系。[①] 绿色金融法律体系的建立和完善使绿色金融业务开展、绿色发展有法可依，有助于在全国范围内确立绿色金融法治理念，并通过法律的硬约束来规范和强化行业行为，促使绿色发展理念更加深入人心。

2. 绿色金融有助于形成社会责任的认同

绿色金融的发展源于金融活动推动经济社会可持续发展的责任。在推动经济社会可持续发展的过程中，金融主体也可以实现自身的可持续发展。金融主体社会责任意识的提升促使其在管理理念、管理模式和业务拓展等方面更加注重提供绿色金融产品和绿色金融服务。在这个过程中金融主体不仅自身获得了盈利，而且能够促使所支持企业获得利润并承担应有的“绿色责任”，产生正的环境外部性，并促使公众通过购买绿色产品、通过享受绿色品质的服务提升“绿色责任意识”。[②]

（二）发展绿色金融有助于贯彻落实可持续发展战略，促进美丽中国建设

绿色金融通过对环境和社会的综合影响进行评估，以此来区分、识别污染性投资和绿色投资，降低绿色项目的融资门槛，引导更多的金融资源配置到绿色产业和绿色项目上，推动低碳发展和生态文明建设，从而促进美丽中国的建设。

1. 发展绿色金融有助于优化产业结构

在传统的市场经济中，投资是根据利润最大化原则进行的，并不考虑社会环境后果，往往会导致环境的负外部性。绿色金融旨在弥补传统市场经济的不足，

①② 李晓西等：《中国绿色金融报告 2014》，中国金融出版社 2014 年版。

既要发展经济，又要节约资源、保护生态环境，促进经济利益与社会环境利益相协调。具体而言，通过制定绿色金融的相关实施细则和激励机制，以及考核评价体系，改变不同类型项目的融资成本与可获得性，抑制污染性投资，并引导投资退出污染性、消耗性产业和产能过剩行业，进入资源节约型、环境友好型产业，从而推动产业结构优化升级。

2. 发展绿色金融有助于促进环境保护和生态文明建设

绿色金融是一种非常有效的、市场化的正向激励制度安排，金融部门把环境保护作为一项基本政策，在投融资决策时综合考虑潜在的环境影响，以及与环境条件相关的潜在的回报、风险和成本，注重向有助于保护生态环境以及治理环境污染的项目提供金融支持。例如，我国第一家赤道银行兴业银行创新投融资体制机制，将资金重点投放到水（供水、污水处理、水环境治理）、土（生活垃圾、危险废弃物、医疗废弃物、土壤修复）、气（锅炉烟气治理、市政集中供暖）、能（清洁能源、可再生能源）、景（旅游景区、公园）五大领域，并对社会经济资源进行引导，为生态环保“输血”，从而推进环境保护和生态文明建设，促进美丽中国建设。

（三）发展绿色金融有助于推动京津冀协同发展，治理北京大城市病

京津冀地区深陷大气污染、水污染、垃圾围城、地下水超采等窘境，已经成为我国东部地区资源环境超负荷异常严重，生态联防联控要求非常迫切的区域。① 探索经济效益与生态效益并重的合作模式，实现协同发展，不仅是津、冀的利益诉求，更是北京治理交通拥堵、空气污染、水污染、城乡接合部环境脏乱差等大城市病，缓解人口、资源、环境之间的突出矛盾，充分发挥大国首都功能的诉求。京津冀协同发展必须遵循绿色理念，也必须以治理北京大城市病作为出发点和落脚点，而这需要通过绿色金融的创新发展来支持绿色交通、环保、绿色产业三大重点领域的率先突破，支持北京城市副中心建设和雄安新区的规划建设，从而优化区域整体布局，逐步缓解北京大城市病问题，提升京津冀地区经济发展质量和效益，以及区域整体生态环境质量。

① 张军扩：《京津冀协同发展离不开金融的强力支持》，http：//finance. qianlong. com/2016/0616/682417. shtml，2016－6－16。

第二章　我国绿色金融发展现状

内容提要：我国绿色金融发展，从金融管理部门开始强调环境保护到绿色金融概念的正式形成，经历了二十多年的演化过程。分领域来看，我国绿色信贷发展相对较快，政策框架体系初步建立，银行业金融机构相关制度逐步完善。绿色证券发展尚处于探索和起步阶段，但势头迅猛。绿色基金发展相对滞后，《关于构建绿色金融体系的指导意见》出台以来，开始进入“快车道”。绿色保险历史相对较长，但发展仍处于起步阶段，规模体量占比较低。七省市碳交易试点的逐步深入，使国内碳排放交易和碳金融产品发展进入“快车道”，为全国统一的碳市场的建设提供了试点经验。

1995 年，中国人民银行发布了《关于贯彻信贷政策和加强环境保护工作有关问题的通知》（银发〔1995〕24 号）；2004 年，银监会发布了《关于认真落实国家宏观调控政策进一步加强贷款风险管理的通知》（银监通〔2004〕22 号），要求银行业必须对产能过剩、“两高”行业实行严格的贷款审批；2007 年，针对高污染、高排放行业的信贷投放，银监会下发了《节能减排授信工作指导意见》（银监发〔2007〕83 号）；2012 ~ 2013 年，银监会分别下发了《绿色信贷指引》（银监发〔2012〕4 号）和《绿色信贷统计制度》，前者对发展绿色信贷、促进绿色经济、低碳经济和循环经济提出了要求，后者则进一步细化了绿色信贷的多项指标。2015 年 1 月，银监会联合国家发展和改革委印发了《能效信贷指引》（银监发〔2015〕2 号），以定量测算信贷对提高企业能源效率的作用；2015 年 9 月，在中共中央、国务院印发的《生态文明体制改革总体方案》（中发〔2015〕25 号）中，明确中国绿色金融体系的顶层设计。2015 年 4 月，中国人民银行主管的中国金融学会专门成立绿色金融专业委员会（以下简称绿金委），绿金委的

85 家会员单位合计管理金融资产规模达 108 万亿元，约占中国金融业总资产的 65%。[1] 其会员单位包括国内政府部门与监管机构、金融机构、科研机构与智库等，也包括国际金融机构作为特邀单位，共同构成了基于市场实践研究和推动绿色金融的智囊团体，以灵活组合、资源互补的联合体形式，为中国绿色金融的发展提供多方面的智力支持。2015 年 10 月，在党的十八届五中全会上，正式提出“创新、协调、绿色、开放、共享”五大发展理念，我国绿色金融发展进一步加速，同年 12 月，在中国的倡议推动下，G20 绿色金融研究小组成立，研究通过绿色金融调动更多资源加快全球经济的绿色转型，推动绿色金融的国际合作；2016 年 3 月，全国人大通过的《中华人民共和国国民经济和社会发展第十三个五年（2016～2020 年）规划纲要》明确提出要“建立绿色金融体系，发展绿色信贷、绿色债券，设立绿色发展基金”，构建绿色金融体系已经上升为中国的国家战略；2016 年 8 月，中国人民银行等七部委发布《关于构建绿色金融体系的指导意见》（银发〔2016〕228 号），标志着我国将成为全球首个建立比较完整的绿色金融政策体系的经济体；2016 年 9 月，在杭州 G20 峰会上将绿色金融首次列入会议公报，成为全球关注的热点。本章就构成中国绿色金融发展体系的绿色信贷、绿色证券、绿色基金、绿色保险、碳金融的发展现状进行梳理，并提出存在的问题。2017 年 10 月，发展绿色金融被写入党的十九大报告，发展绿色金融已经成为落实生态文明建设战略布局、实现绿色发展理念的代表性实践。

一、绿色信贷

（一）绿色信贷概念综述

国外对利用金融手段促进环境保护的研究开展较早，国外对于该领域的研究已经形成了比较系统的理论体系，虽然国内对绿色信贷的研究相对较晚一些，但是近些年可持续发展的要求让国内更多的学者和组织开始关注并研究绿色信贷，

① 资料来源：绿色金融专业委员会。

也取得了一定成果。

关于绿色信贷内涵的研究中，Marcel Jeucken（2002）在 *Sustainable Finance and Banking*：*The Financial Sector and the Future of the Planet* 一书中提出，绿色信贷融资主要是指金融机构通过自身的信贷信息、信贷资源等优势对绿色可持续产业提供信贷优惠，同时将可持续发展理念传递给贷款企业。Baron D.（2001）认为，绿色信贷就是指以企业的环保与社会责任标准作为核心指标开展的信贷活动。T. E. Gradel 和 B. R. Allenby 在《产业生态学》中从产业结构调整的角度来分析金融业的贡献，重点介绍了金融业在产业环保技术升级中的信贷引导作用。

通过对环境质量与金融投放额之间联系的实证研究发现，绿色金融投放额度、环境污染治理投融资等都会对环境产生很直接的影响，绿色信贷通过金融市场作用于实体经济，进而影响实体经济中生产企业的生产与排污行为，从而促进了环境质量的提高；同时，绿色信贷可以通过利息、利率以及相关的信贷产品或理财产品来直接对节能环保产业提供便利与优惠，促进节能环保产业的发展。在绿色信贷产品以及风险评估的研究中，Sonia Labatt，Rodney R. White（2002）在《环境金融：环境风险评估与金融产品指南》中指出，绿色金融效应的发挥依赖特定的金融工具与产品，在对涉及企业的环境风险评估中，环保信息发挥重要作用，同时也可以指明金融产品的投放方向。Rory Sullivan（2007）指出，金融业投资应该考虑金融机构的社会责任以及投资的社会责任，及对项目的出资建设都要考察其涉及的社会责任风险，从而做出规避。

我国很多学者从绿色信贷效应机制、绿色信贷产品创新、绿色信贷发展障碍等不同方面对此开展研究，也取得了一定成果。关于绿色信贷的内涵，熊学萍（2004）认为，绿色信贷的主要内涵就是限制高耗能、高污染企业的信贷，同时加大对节能环保等绿色产业的信贷支持力度。王先菊（2012）认为，“绿色信贷”就是要求银行业金融机构将环保、可持续发展和授信方向挂钩，引导资金导向，加大节能减排、低碳循环产业的信贷支持力度，从而实现资金的“绿色配置”。其实质就是银行业与可持续发展之间的关系。陈一洪（2012）认为，“绿色信贷”就是充分发挥商业银行利用利率引导产业调整的机制，进而对宏观经济产生效应，作用于环保领域。

【专栏：赤道原则】

当前国际上“绿色信贷”的定义以2002年世界银行集团起草《环境与社会风险的项目融资指南》并出台的“赤道原则”为标杆，这项准则以环境与社会责任指标来决定一个项目的信贷审批，这一准则在国际上众多大型环境项目融资上运用，取得了很好的环境与社会反响。赤道原则（The Equator Principles, EPs）是由世界主要金融机构根据国际金融公司和世界银行的政策和指南建立的，旨在决定、评估和管理项目融资中的环境与社会风险而确定的金融行业基准。它广泛运用于国际融资实践，并发展成为绿色信贷的行业惯例和准则。

2003年6月，花旗银行（Citigroup）、巴克莱银行（Barclays）、荷兰银行（ABNAMRO）和西德意志州立银行（West LB）等10家国际领先银行（分属7个国家）宣布实行赤道原则；随后，汇丰银行（HSBC）、JP摩根（JP Morgan）、渣打银行（Standard Chartered）和美洲银行（Bank of America）等世界知名金融机构也纷纷接受这些原则。

赤道原则文件主要包括两部分：序言（Preamble）和原则声明（Statement of Pnnciples）。序言部分主要对与赤道原则有关的问题做了简要说明，包括赤道原则出台的动因、宗旨、意义、目的以及赤道银行的一般承诺。原则声明部分列举了赤道银行做出融资决定时需依据的特别条款和条件，总共9条，即9项原则（赤道银行承诺只把贷款提供给符合这9个条件的项目）。

第1条规定了项目风险的分类依据，即根据国际金融公司的环境与社会审查标准而制定的内部指南。第2条规定了A类项目和B类项目的环境评估要求，包括环境影响评估、社会影响评估和健康影响评估以及更深层次的要求。第3条规定了环境评估报告应包括的主要内容，这是赤道原则的核心部分，共17项。这一条下面还有一个注释，规定环境评估要说明遵守东道国现行的法律、法规和项目要求的许可以及世界银行和国际金融公司预防和减少污染指南，对于坐落在低收入和中等收入国家的项目还需要进一步考虑国际金融公司的保全政策。第4条规定了环境管理方案要求，适用对象是A类项目（在适当的情况下包括B类项目），内容是环境和社会风险的降低、行动方案、监控和管理以及计划表。第5条规定了向公众征询意见制度，A类项目（在适当的情况下包括B类项目）的借款人或第三方专家要用各种适当的方式向受项目影响的个人和团体，包括土著民族和当地的非政府组织，征求意见；环境评估报告或其摘要要在合理的最短时间内以当地语言和文化上合适的方式为公众所获得；环境评估和环境管理方案要考虑公众的这些意见，对于A类项目还需独立的专家审查。第6~8条规定了有关借款人和贷款人关系的要求以及确保守约的机制。具体来说，第6条规定了借款人的约定事项：遵守项目建设和运营过程中的环境管理方案；定期提供由本单位职员或第三方专家准备的有关环境管理方案遵守情况的报告；在适当的情况下，还需定期提供根据商定的拆除方案拆除设施的报告。第7条规定了补充监督和报告服务，由贷款人聘请的独立环境专家提供。第8条规定了违约救济制度，如果借款人没有遵守环境和社会约定，赤道银行将会迫使借款人尽力寻求解决办法继续履行。第9条规定了赤道原则的适用范围，即只适用于总融资5000万美元以上的项目。

赤道原则对于绿色信贷来说犹如一个重要的里程碑，它第一次把项目融资中模糊的环境和社会标准明确化、具体化，使整个银行业的环境与社会标准得到了基本统一；对单个的银行来说，接受赤道原则有利于获取或维持好的声誉，保护市场份额，也有利于良好的公司治理和对金融风险科学、准确的评估，同时也能减少项目的政治风险；对于整个社会来说，可以使环境与社会可持续发展战略落到实处，赤道银行客观上成为保护环境与社会的私家代理人，通过发挥金融在和谐社会建设中的核心作用，也可以使人与自然、人与社会、人与人等达到真正的和谐。

（二）我国绿色信贷整体发展现状

随着顶层设计的逐步完善和宏观政策密集出台，我国绿色信贷整体发展步伐加快，国家绿色信贷政策框架体系初步建立，银行业金融机构绿色信贷制度逐步完善，绿色信贷发展增速显著，对战略性新兴产业、节能环保项目和服务等重点领域支持作用明显，国际交流合作机制基本形成。

国家绿色信贷政策框架体系初步建立。近年来，国务院、财政部、人民银行、银监会等部门相继制定出台了一系列重大政策和文件，以鼓励和支持金融机构积极开展绿色信贷业务，绿色信贷政策框架体系逐步建立和完善（见表2-1）[①]。

① 国务院、人民银行、银监会等官方网站整理。

表 2－1　国家出台的部分绿色信贷政策

年份	部门	文件名称	主要内容
1981	国务院	国务院关于在国民经济调整时期加强环境保护工作的决定（国发〔1981〕27号）	要求利用经济杠杆保护环境
1984	国务院	关于环境保护资金渠道的规定通知（国发〔1984〕64号）	提出环境保护资金来源的八条渠道，多条与绿色信贷有关
1995	中国人民银行	关于贯彻信贷政策与加强环境保护工作有关问题的通知（银发〔1995〕24号）	提出各银行业金融机构在信贷工作中重视环境保护，认真落实国家环境政策，要求把生态资源保护和污染防治作为银行贷款考虑因素之一
1995	国家环境保护总局	关于运用信贷政策促进环境保护工作有关问题的通知（环计〔1995〕105号）	要求各级环保部门运用信贷政策作为环境保护参与经济发展综合决策的重要手段
1997	财政部	全球环境基金项目管理暂行规定（财世字〔1997〕113号）	要求规范和加强全球环境基金赠款项目管理，确保我国实施项目符合国民经济和社会发展总体战略
2007	中国人民银行、银监会、国家环境保护总局	关于落实环境保护政策法规防范信贷风险的意见（环发〔2007〕108号）	要求各银行业金融机构根据国家环保有关要求和环保部门环境污染通报情况严格贷款审批、发放、管理
2007	中国人民银行	中国人民银行关于改进和加强节能环保领域金融服务工作的指导意见（银发〔2007〕215号）	要求各机构落实国家产业政策、坚持区别对待、合理配置信贷资源，有保有压的信贷原则
2007	银监会	节能减排授信工作指导意见（银监发〔2007〕83号）	要求银行业金融机构把调整和优化信贷结构与国家经济结构紧密结合，有效防范信贷风险
2009	环境保护部、中国人民银行	关于全面落实绿色信贷政策，进一步完善信息共享工作的通知（环办〔2009〕77号）	加强对企业环境违法信息、环保审批、环保认证、清洁生产审计、环保先进奖励等其他企业环保信息定期交换机制
2009	中国人民银行、银监会、证监会、保监会	关于进一步做好金融服务支持重点产业调整，振兴和抑制部分行业产能过剩的指导意见（银发〔2009〕386号）	要求各银行业金融机构对于符合重点产业调整、市场准入的企业和项目，要及时保证信贷资金供给。对属于产能过剩项目，要严格审查和发放贷款

续表

年份	部门	文件名称	主要内容
2010	中国人民银行等部门	关于进一步做好支持节能减排和淘汰落后产能金融服务工作的意见（银发〔2010〕170号）	要求各银行业金融机构把做好支持节能减排和淘汰落后产能金融服务工作作为重要任务和长期制度性安排，加强信贷政策指导和督导检查力度，加强信贷政策指导和督导检查力度
2012	银监会	中国银监会关于印发绿色信贷指引的通知（银监发〔2012〕4号）	要求银行业金融机构以绿色信贷为抓手，积极调整信贷结构，更好的服务实体经济，促进经济发展方式转变和经济结构调整，多措并举共同推进绿色信贷的蓬勃发展
2012	银监会	银行业金融机构绩效考评监管指引（银监发〔2012〕34号）	要求银行业金融机构在绩效考评中设置社会责任类指标，并定期披露履行社会环境责任、支持节能减排等金融服务情况
2013	银监会	绿色信贷统计制度	要求银行业金融机构对涉及环境、安全重大风险企业贷款和节能环保项目及服务贷款进行统计
2014	银监会	绿色信贷实施情况关键评价指标（银监办发〔2014〕186号）	在《银行金融机构绩效考评监管指引》中设置社会责任类指标：从2015年起，银监会每年组织国内主要银行业金融机构开展绿色信贷自评价，督促全面对照检查标准自查绿色信贷工作中的缺陷
2015	银监会、国家发展改革委等部门	能效信贷指引（银监发〔2015〕2号）	要求各机构开展能效信贷业务，支持产业结构调整和企业技术改造升级，促进节能减排
2016	中国人民银行等七部委	关于构建绿色金融体系的指导意见（银发〔2016〕228号）	对构建支持绿色信贷的政策体系、推动银行业自律组织逐步建立银行绿色评价机制、明确贷款人环境法律责任、建立符合绿色企业和项目特点的信贷管理制度等做出安排

银行业金融机构绿色信贷制度逐步完善。近年来，在中国人民银行、银监会的指导和推动下，各银行业金融机构认真贯彻落实绿色信贷相关政策要求，积极树立绿色信贷理念，加强绿色信贷相关组织、制度、流程和能力建设，绿色信贷制度得到逐步完善。其中五大国有商业银行和主要股份制商业银行多措并举将绿色信贷政策贯彻于信贷操作的整个流程（见表2-2）。

表2-2 国有银行及部分股份制商业银行出台的绿色信贷相关制度①

机构名称	绿色信贷制度
中国工商银行	《境内法人客户绿色信贷分类管理办法（2014年版）》等60个行业绿色信贷政策。坚持“绿色信贷一票否决制”
中国农业银行	《中国农业银行绿色金融债资金投向实施指南》《关于落实绿色信贷工作的实施意见》《制定节能减排收益权融资业务管理办法》。在信贷评审中严格实行环保“一票否决制”
中国银行	《支持节能减排信贷指引》《碳金融指导意见》
中国建设银行	制定了“两高一剩”审批指引，环保行业审批指引。在绿色融资评审中严格实行环保“一票否决制”
交通银行	《交通银行“绿色信贷”工程建设实施办法》《节能减排业务管理办法》《绿色信贷环保标识手册》《关于深化绿色信贷工程建设的意见》等
招商银行	《关于促进产能过剩行业信贷结构优化管理的通知》《招商银行绿色金融营销指导意见》《绿色金融信贷政策》《可再生能源行业营销指引》
中信银行	明确授信政策。在行业发展定位中明确“大力支持节能环保、新能源等绿色经济、循环经济、低碳经济的发展，严格控制高耗能、高污染行业融资需求”，在设备制造、石化、水泥制造、汽车制造、建筑、纺织等行业授信政策中均提出绿色信贷原则及要求
上海浦东发展银行	《关于开展能源效率融资项目的营销指导意见》《授信投向指引》《绿色信贷综合金融服务方案》《上海浦东发展银行信贷投向政策指引》《上海浦东发展银行社会和环境风险管理暂行办法》，执行“环保一票否决制”
兴业银行	《环境与社会风险管理政策》《节能减排业务管理办法》《公司客户授信前尽职调查管理办法》《节能减排项目准入细则》《环境金融领域节能减排项目属性认定标准》
民生银行	《中国民生银行绿色信贷政策指导意见》《关于国家节能减排政策完善相关行业领域信贷政策的通知》《关于贯彻落实银监会〈节能减排授信工作指导意见〉的通知》等

① 资料来源：根据各银行业金融机构社会责任报告整理。

银行业金融机构绿色信贷发展增速显著。随着国家绿色信贷相关政策不断出台的完善，各银行业金融机构认真履行社会环境责任，大力发展绿色信贷业务，加速绿色金融产品和业务创新，有效促进经济、社会与环境协调发展。截至2015年末，全国各银行业金融机构绿色信贷余额达8.08万亿元，较2014年末增长16.42%，占各项贷款余额的9.68%。其中21家主要银行业金融机构绿色信贷余额达7.01万亿元，占全国银行业金融机构绿色信贷余额的86.7%。截至2016年6月末，21家主要银行机构绿色信贷余额达7.26万亿元，占这些银行机构全部贷款余额的9.0%。绿色信贷资产质量也控制得较好，截至2016年6月末，21家主要银行业金融机构的绿色信贷不良贷款余额220多亿元左右，不良率仅为0.41%，远远低于同期各项贷款不良率1.35个百分点（见表2－3）①。

表2－3　绿色信贷余额统计表（截至2015年末）②

机构名称	绿色信贷余额（亿元）	占各项贷款余额比重（%）
全国	80800	8.24
全国21家主要银行业金融机构	70100	9.68
中国工商银行	7028.43	5.89
中国农业银行	5431.31	6.42
中国银行	4123	—
中国建设银行	4870.77（2014年数据）	4.65
交通银行	2047.95	5.5
招商银行	1565.03	12.07
中信银行	236.96	—
上海浦东发展银行	1717.85	7.7
兴业银行	3942	—
民生银行	114.04	—

绿色信贷对节能环保、新能源、新能源汽车等战略性新兴产业和节能环保项目服务两大领域支持作用明显。绿色信贷主要投向节能环保、新能源汽车等战略性新兴产业以及绿色交通运输项目、可再生能源及清洁能源项目，总体资产质量

① 中国银行业监督管理委员会官网。

② 资料来源：根据2015年各银行业金融机构社会责任报告整理。

较好。截至2016年6月30日，全国21家主要机构绿色信贷余额中节能环保项目和服务贷款余额5.57万亿元，占比为76.72%；节能环保、新能源汽车等战略性新兴产业贷款余额1.69万亿元，占比为23.28%。按照2016年6月末节能环保项目和服务贷款支持情况计算，可减排二氧化碳当量4.35亿吨、节约标准煤1.87亿吨，减排化学需氧量397.73万吨、氨氮43.45万吨、二氧化硫399.65万吨、氮氧化物200.60万吨，节水6.23亿吨。

绿色信贷国际交流合作机制基本形成。2012年，在银监会的倡导下，成立了“新兴市场绿色信贷跨国工作组”，工作组成员包括中国、巴西、秘鲁、孟加拉国、印度尼西亚、尼日利亚等25个国家的银行业监管机构或银行业自律组织。在中国的影响和带动下，孟加拉国、越南、蒙古国、印度尼西亚、秘鲁等国先后借鉴中国经验，制定了本国的绿色信贷制度。同时，银行业金融机构积极响应和加入赤道原则，在绿色信贷审批和发放过程中注重与赤道原则的接轨，确保项目贷款既支持绿色项目，同时更好地履行社会职责。2016年初，中国人民银行与英格兰央行共同发起成立G20绿色金融研究小组，标志着我国绿色信贷国际交流合作机制正式建立，2016年该小组分别在北京、伦敦、华盛顿、厦门召开四次会议，研究讨论绿色金融发展所面临的主要问题，以促进全球经济绿色转型。

我国主要商业银行信贷实践从目前来看，国内各主要商业银行按照银监会《节能减排授信工作指导意见》和中国人民银行《中国人民银行关于改进和加强节能环保领域金融服务工作的指导意见》的要求，结合自身情况出台相应政策，拓展绿色信贷市场，创新绿色信贷产品与服务，实现金融市场与实体产业之间、经济与环保的互促发展。从绿色信贷制度层面看：中国工商银行坚持培养“绿色信贷”文化、打造“绿色信贷”银行的目标，重点从信贷审批流程中贯彻绿色信贷理念，在全行范围内建立绿色信贷工作监督机制，为绿色信贷的有序发展提供良好的内部环境。2009年，中国工商银行建立了全新的四级十二类绿色信贷分类标准，对于行内以及各分支机构的绿色信贷提供了更详细的方向与指引。2011年，中国工商银行制定了《绿色信贷建设实施纲要》《关于印发环保重点关注行业客户贷后管理办法的通知》《关于做好淘汰落后产能企业风险控制工作的通知》《关于严格控制中小涉铅企业信贷风险的通知》《关于加强涉镉、汞、铬和类金属砷行业环保风险防控工作的通知》《关于加快中小铅蓄电池企业贷款清退工作的通知》等多项制度。2013年，修订并印发了61个行业绿色信贷政策《境内法人客户绿色信贷分类标准》，据此引导全行信贷投向生态保护、清洁能源、节能环保和资源综合利用等环境友好企业以及环境合格企业，有力地促进了全行信贷结构的绿色调整。中国农业银行积极开展绿色信贷机制建设，将自身打造成行业内领先的“绿色银行”。2013 年，中国农业银行出台《中国农业银行关于落实绿色信贷工作的实施意见》，要求对行内信贷企业实行差别化绿色信贷政策，防控“两高一剩”行业信贷风险，建立绿色金融工作机制和管理体系。中国农业银行不断加强对绿色环保、清洁能源和循环经济等相关行业研究力度，已出台风电、水电、核电、电网、光伏等多个相关行业信贷政策，从信贷规模、授信额度、贷款利率和经济资本多方面鼓励加大绿色信贷投放。同时，中国农业银行通过与环保部门在企业环保信息沟通方面的合作，实行环保标准“一票否决制”。对于涉及“两高一剩”行业的企业中积极进行设备整改、生产技术更新、生产环节绿色循环的给予信贷优惠，对于未采用节能环保生产技术的企业进行贷款退出；同时对于节能环保工程产业以及在节能减排项目上做出突出贡献的企业优先审批发放贷款。中国建设银行不断完善绿色审批制度。2006 年中国建设银行出台《大中型客户授信审批五项基本原则》，将环保评估作为信贷审批的必备条件。2008 年出台《关于加强中国建设银行节能减排授信管理工作的方案》，要求系统地完善绿色信贷审批与发放，以及绿色信贷信息的统计与披露。2010 年中国建设银行出台《关于完善大中型公司类客户差别化授信审批方式的通知》，要求对于环保违法企业、环保部门制度的环保“黑名单”企业、行内出台的高能耗高污染行业名单中的客户禁止新增任何形式的融资。同时，还积极组建专门的工作团队，着手开展实施赤道原则的可行性研究，完成了《中国建设银行赤道原则研究报告》。2015 年，中国建设银行成立由高管层担任主任的绿色信贷委员会，委员会成员包括总行 29 个部门，全面推进绿色经营、绿色管理的各项任务。制定《中国建设银行绿色信贷实施方案》，从基础制度建设、日常管理、业务考核、组织架构设置等方面明确了下一阶段绿色信贷发展任务和目标。交通银行以银监会绿色信贷自评价指标为指引，全面加强绿色信贷工作。2007 年，交通银行印发了《2007 年度信贷投向和授信管理意见》，成为国内首家按照贷款企业的环保考核指标来进行客户环保分类的商业银行，并在贷款审批、贷后管理中采取不同措施。2010 年交通银行通过制度建设对 31 个具体行业制定了分行业的“绿色信贷”管理和操作要求，完善了 2008 年《环保标识分类操作手册》的“三色七类”分类标准，对绿色一类客户进行细分。2012 年，交通银行出台了《绿色信贷政策》《绿色信贷实施办法》，并将实施绿色信贷确立为交通银行的长期战略，从组织管理、标识管理、市场准入、授信调查评审、授信后管理、内控管理与信息披露等各环节制定具体措施。2013 年交通银行签署《中国银行业绿色信贷共同承诺》，发布了《关于进一步加强绿色金融业务发展的意见》，明确四大重点领域 23 个业务方向的发展意见。2015 年制定了《2015 年度行业绿色信贷政策指引》，来从 55 个行业范围内促进了绿色信贷统计制度的完善。[①] 2017 年，出台了《交通银行总行部署推进全行绿色信贷工作》，完善制度建设。招商银行 2008 年出台了《招商银行绿色金融营销指导意见》，成立了“绿色金融工作小组”来专门负责绿色信贷机制与产品的开发。2010 年，招商银行下发了《关于推行绿色低碳运营有关举措的通知》（简称“绿色低碳运营十四条”），指导全行开展绿色低碳运营工作。同年招商银行成立了绿色低碳运营工作小组，负责全行绿色低碳营运工作的执行、评估、监督和检查工作。2011 年，招商银行制定了《绿色信贷规划》，提出“建设国内一流绿色信贷银行”的目标。针对客户贷款环境风险的不同，招商银行对信贷客户进行“四色”分类：环保蓝色贷款（环保合格型）是指投向环保合格企业的贷款；环保绿色贷款（环境友好型）是指在企业经营合法合规的前提下，投向能对环境保护带来正面影响的贷款；环保黄色贷款（环保关注型）是指存在一定环境风险的企业贷款；环保红色贷款（环保缺失型）是指生产经营不符合环境、健康、安全标准的企业贷款。2012 年，招商银行制定了《招商银行绿色信贷政策》，进一步完善了贷款企业的环保评估标准与环保风险管理制度。2013 年招商银行出台《招商银行推进实施绿色信贷规划》进一步推进绿色信贷发展。

从绿色信贷产品和支持的领域来看：中国工商银行积极推行碳保理、能效贷款等绿色金融产品的创新开发。中国工商银行通过对资源综合利用和效率的提升来探索资源环境矛盾的解决途径，鼓励创新节能减排模式，大力推广电子银行、网络融资等低碳环保的绿色金融服务方式，打造环境友好型的“绿色银行”。截至 2016 年 6 月末，中国工商银行在绿色经济领域的贷款余额已达 9768 亿元，为绿色交通、可再生能源及清洁能源、自然保护、生态修复等领域的一大批重点项目提供了融资支持。[②] 中国农业银行与中华环保联合会共同推出金穗环保卡，不断加大发卡力度，持续推进金穗环保卡使用。2010 年，为支持国内中小企业参

---

① 《交通银行社会责任报告 2015》。

② 《工行近万亿融资力挺绿色发展》，中国工商银行网站：http：//www. icbc. com. cn/icbc/工行风貌/工行快讯/工行近万亿融资力挺绿色发展 . htm。

与清洁发展机制（简称 CDM）有关项目的开发建设，中国农业银行专门制定《清洁发展机制顾问业务操作规程》。2014 年以来，中国农业银行重点加大“两高一剩”行业的主动退出力度，因严控环境和社会风险因素否决“两高一剩”行业业务 77 笔。2015 年，中国农业银行率先发行亚洲首单人民币绿色债券，2016 年 4 月，中国农业银行与国际金融公司（IFC）签订绿色金融合作协议，同年 8 月，中国农业银行发行国内首支绿色企业资产支持证券产品，支持“一带一路”倡议沿线绿色产业发展，率先在国有商业银行中推出碳金融服务，支持碳排放交易。中国建设银行积极关注全球气候变化，持续打造“低碳环保银行”。针对信贷结构的调整做出要求，将信贷重点转向支持绿色、循环经济，节能减排重点工程、技术应用、污染物治理、节能服务等领域作为重点支持领域。对采用落后设备、使用落后工艺、生产落后产品，且未按期完成淘汰任务的存量信贷客户，坚决予以退出。实行环保一票否决制，对发生环保违法违规情况的信贷申请企业，不予授信。2008 年以来，中国建设银行绿色信贷贷款余额持续增长，截至 2015 年上半年，中国建设银行绿色信贷余额 5998.49 亿元，占各项贷款的 6.32%，较 2008 年初新增 1127.32 亿元，增速 23.15%；节能减排效益显著，折合减排标准煤 1904.09 万吨，减排二氧化碳当量 4424.37 万吨，减排 COD14.63 万吨，减排氨氮、二氧化硫、氮氧化物分别为 1.37 万吨、10.17 万吨、1.42 万吨，节水 83.33 万吨。① 交通银行绿色信贷重点侧重减退“两高一剩”，支持节能减排。2010 年交通银行对钢铁等 15 个产能过剩及高耗能、高排放行业从“工艺、产品、设备要求”和“能耗、环保指标要求”两个维度明确准入标准，初步建立行业“绿色信贷”量化标准，对钢铁等 9 个国家抑制产能过剩和节能减排重点行业实施信贷限额管理。2011 年交通银行对电力、钢铁、纺织等淘汰落后产能行业进行限额监控，实现了贷款余额逐月下降。同时充分发挥市场、客户、人才、研发优势，有力支持低碳、节能环保领域的客户及项目。招商银行绿色信贷重点侧重严控“两高一剩”，大力支持节能减排，通过运用行业限额管理工具，提高行业准入条件，加强对“两高一剩”行业的信贷风险管理。一方面，从严控制高耗能、高污染行业的信贷投放总量，对包括电力、钢铁、煤炭、有色金属、水泥、化工在内的部分行业设定了贷款比例限额；另一方面，细化行业信贷政策，提高准入标准，从严择优选择客户，审慎新增授信。如规定新增火电企

① 中国经济网，2015 年 8 月 27 日。

业授信准入标准单机容量至少在60万千瓦及以上；新增钢铁企业授信，其钢材产量须在500万吨以上，铁矿石自由率高，板材比例较高；而对于生产力较低、成本高、技术落后、污染严重的“两高”企业则坚决退出。2013年，制定了《关于促进产能过剩行业信贷结构优化管理的通知》在内的多项制度办法，严格落实信贷客户“四色”分类工作。截至2013年底，绿色信贷余额1163.72亿元，同口径比上年末增加68.25亿元，占本公司企业贷款总额的10.01%。

【专栏：我国首家“赤道银行”——兴业银行的绿色信贷实践】

兴业银行作为我国首家“赤道银行”，在我国商业银行的绿色信贷中一直走在前列，通过自身出台的绿色信贷政策指引与国家出台绿色信贷政策的配合，较早地实行“环保一票否决制”，并在信贷审批、信贷发放以及贷后管理流程中都设置严格的环保评估标准。同时兴业银行对于贷款企业实行“名单式管理”，对于不符合国家产业政策要求、环保违规且在名单内的企业实行信贷退出或者禁止新增融资，对于新能源、节能环保产业的信贷扶持力度逐渐加大。兴业银行自2008年10月宣布采纳赤道原则，成为中国大陆首家赤道银行。兴业银行一系列在践行赤道原则和可持续发展方面的有益尝试，得到了国内国际的广泛认可。国务院将兴业银行采纳赤道原则列入第五次中美战略经济对话的成果之一，2009年该行获得由英国《金融时报》和国际金融公司联合评选的“年度亚洲可持续银行奖”冠军，成为我国目前唯一获此殊荣的金融机构。截至2016年末，兴业银行累计适用赤道原则项目307笔，所涉项目总投资为11458.47亿元，涉及272个客户，项目不良贷款率不足0.1%。同期，该行累计为万余个环保企业或项目提供绿色信贷融资超1万亿元，支持的项目已可实现每年节约标准煤2647万吨、减排二氧化碳7408万吨、节水3.04亿吨，实现了银行、企业、环境、社会等多方面共赢。兴业银行在采用赤道原则9年以来，进行了适应绿色信贷发展的组织架构体系建设以及大量绿色信贷产品与服务的创新，已经形成较为成熟的经验。

在组织架构方面，兴业银行实现绿色金融专业管理与专业经营。总行层面，成立了由董事长任组长的社会责任工作领导小组，组织协调、系统推动绿色金融业务。2005年总行成立能效融资专业团队，2009年成立可持续金融中心，2012年将可持续金融中心升级为总行一级部门——可持续金融部，2013年将可持续金融部更名为环境金融部，机构职能也发生了变化，专业经营更加凸显。环境金融部在原有绿色金融管理、业务推动职能的基础上，增加了直接营销、业务发起和落地的职能，即增加了部门直接经营职能，形成集中产品创投、技术支持、资产管理、营销组织、交易服务、业务合作六项职能于一体的资产运营平台，并依托内部技术专才和外部专家团队，构建技术支持体系，目前兴业银行拥有国内最大的绿色金融专营团队近200人。2017年4月，环境金融部正式更名为绿色金融部。分行层面，全国30多个一级分行都设立了环境金融中心，作为所辖区域的绿色金融管理与经营部门。中心负责组织实施分行绿色金融业务的发展规划和年度计划，研究分析分行所在区域内绿色金融业务目标市场、发展现状和趋势；牵头组织区域内绿色金融市场及相关产品的营销与推广，并为经营机构及绿色金融客户提供专业产品咨询和技术服务；同时还负责分行绿色金融融资业务属性认定、赤道原则专业评审、产品合规内控督导及绿色金融品牌建设、业务培训等。①

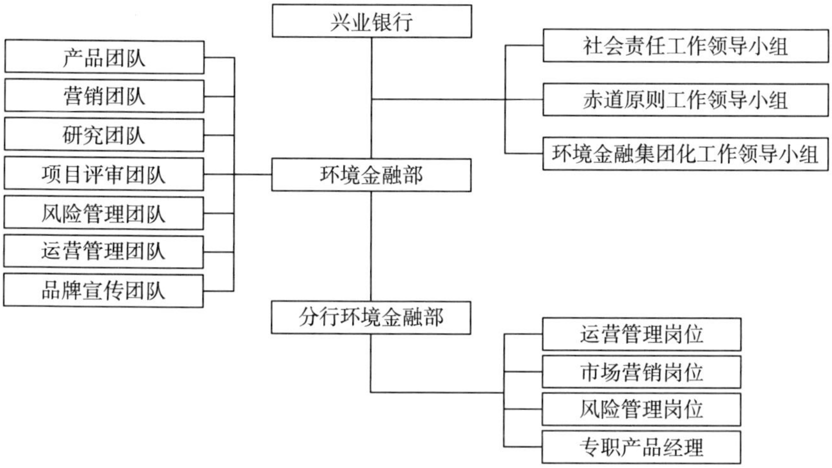

图2-1 兴业银行绿色金融组织架构

在绿色金融融资服务方面，兴业银行逐步形成包括十项通用产品、七大特色产品、五类融资模式及七种解决方案的绿色金融产品服务体系。十项通用产品包括固定资产贷款、项目融资、流动资金贷款、买方信贷、订单融资、委托贷款、金融租赁、并购贷款、债务融资工具、股权融资服务。七大特色产品包括合同

① 兴业银行报告：《兴业银行绿色金融发展之路》。

能源管理项目未来收益权质押融资、合同环境服务融资、国际碳资产质押融资、国内碳资产质押融资、排污权抵押融资、节能减排（CHUEE）贷款、结构化融资。五类融资模式包括节能减排设备制造商增产融资模式、公用事业服务商融资模式、特许经营项目融资模式、节能服务商融资模式和融资租赁公司融资模式。

2006年5月，兴业银行与国际金融公司（IFC）合作首创贷款本金损失分担机制，在国内首家推出了能源效率贷款这一“绿色信贷”品种，以商业化模式推动企业节能减排，帮助国内企业进行能耗设备改造。目前兴业银行绿色信贷产品所覆盖的领域主要集中在低碳循环领域，对于我国经济产业结构的调整与升级起到很大的促进作用，同时促进更多的企业采纳先进的生产工艺和排污技术。

2010年兴业银行推出“8+1”种融资服务模式，其中涵盖多种节能减排信贷优惠融资模式，例如节能减排设备的制造商和供应商，在环保考核达标的前提下，都可以通过节能减排融资项目来获得所需资金，同时还有其他多种多元化融资模式，极大地丰富了贷款企业的选择。

在排放权金融服务领域，兴业银行不断丰富金融产品与服务，在信息、平台方面为客户提供了更方便的选择。兴业银行是我国第一家推出碳资产质押授信业务的商业银行，弥补了我国商业银行在该领域的空白，得到了行业内的一致认可。作为碳减排交易领域的中介，兴业银行不断加强国际合作，与国际碳买家深度合作，提供优质的产品与服务，促成了多个国际碳交易项目。

兴业银行还在国内首创碳交易试点工作，与碳排放交易试点省份建立全面合作关系。同时兴业银行还首推“排污权抵押授信业务”，对于排污企业合理配置自己的排污抵押有重要意义。这一举措让企业拥有更合理的方式来规避未来可能面临的抵押贬值风险，也让企业拥有更为稳定的绿色金融服务。

兴业银行的绿色金融产品支持的行业涵盖水资源利用和保护、资源循环利用、环境治理、城镇环境基础设施、节能环保产业链及能源、冶金等多个领域，支持的业务从绿色金融专属（涵盖“水、气、土、能、景”等领域37个国标行业）到非专属客户的绿色金融服务，支持的客户从大型上市公司、国企到中小企业，产品模式从传统信贷业务到非标、债务融资工具等信贷业务，为客户提供从银行到保险、信托、租赁的跨领域综合金融服务方案。

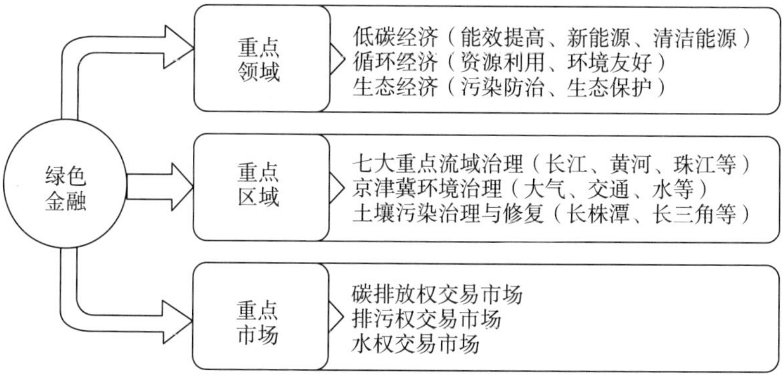

图2－2　兴业银行绿色金融产品重点领域、区域及市场

（三）存在问题

我国绿色信贷发展虽然取得一定成就，但与发达国家绿色信贷发展横向比较，与国内面临的严峻的环境保护形势相比，当前我国绿色信贷领域还存在不少问题，如政策缺乏相关立法保障、统一的环保信息沟通机制有待健全、绿色信贷产品创新能力不足、激励约束机制不健全、绿色企业“融资难、融资贵”问题依然存在。

绿色信贷政策缺乏相关立法保障。近年来，尽管国家发展改革委、人民银行、环保部、银监会等部门先后出台了绿色信贷相关政策意见，绿色信贷政策框架基本建立，各银行业金融机构相关制度也逐步完善，但国家层面政策基本属于部门规章和规范性文件，立法层次较低，不属于法律范畴，法律强制力和权威性不够，执行力较弱，不能为绿色信贷开展给予强有力的法律依据支持。如《商业银行法》中未对银行业金融机构在绿色信贷方面的责任权利义务进行界定，即便银行业金融机构授信给环保不达标、不符合国家产业和环保政策的企业，相关部门也无法对其处罚。我国绿色信贷法律制度亟待完善。

缺乏全面统一的环保信息沟通机制。绿色信贷的推进需要商业银行、贷款企业和各级环保部门之间建立全面统一的环保信息沟通机制。一方面，我国环保信息系统建设尚不完善，环保信息较为零散，缺乏统一的管理与发布机制，部分环保信息披露存在遗漏、滞后及不透明的情况；另一方面，银行机构与环保部门之间的信息交流机制和沟通机制有待加强，环保部门传递给银行的企业环保信息的时效性、准确性需进一步提高。环保信息的不对称加大了银行核查成本，可能导致在授信审批时缺乏足够的评判依据，从而抑制银行绿色信贷业务的发展。

绿色信贷产品创新不足。相对于欧美等发达国家丰富的绿色信贷产品，中国绿色信贷产品存在品种少、业务量小、同质化倾向等问题，难以满足市场需要。我国绿色信贷产品的开发长期落后于国外商业银行，产品创新不足。发达国家商业银行的绿色信贷产品普遍有住房按揭贷款、节能抵押贷款、绿色建筑商业贷款、个人绿色消费贷款等，涵盖行业范围广。同发达国家相比，我国金融管理体制是垂直管理，国家出台的信贷指引直接影响商业银行信贷产品开发，导致商业银行绿色信贷产品与服务的创新空间被压缩，分业经营模式使银行、证券、保险联动不足，限制了银行创新绿色信贷产品的积极性。我国绿色信贷产品主要针对企业项目融资、对“两高”行业的信贷约束以及对环保行业的支持，普遍针对的是企业客户，没有涉及个人绿色消费贷款，实现客户群体的多元化。

绿色信贷发展合力不足。由于缺乏激励约束机制，政府、银行、企业在多重因素的共同影响下，绿色信贷发展没有达到预期。对于政府部门而言，高污染、高耗能企业往往是地方经济支柱和纳税、就业大户，缺乏去杠杆、去产能的动力。对“两高”企业而言，在政府部门缺乏严厉约束下，往往不会增加成本投入于污染治理、技改等，影响绿色信贷开展。对银行而言，由于政府在贴息、税收减免、拨备及坏账核销等方面缺乏配套激励措施，加之银行内部缺乏针对绿色信贷的考核机制，绿色信贷在成本收入、投入产出上缺乏竞争优势，且绿色环保产业效益较低、成本高、项目风险大、可操作性不强，在缺乏严格的环保监管要求下，未建立针对性激励制度，在绩效考核和资源配置上对绿色信贷支持不足，因此业务开展积极性也不高①。

二、绿色证券

（一）绿色证券的定义和主要内容

绿色证券是绿色金融体系的重要组成部分。从上市公司制度层面来看，绿色

① 孔瑞：《我国绿色信贷发展研究》。

证券是指上市公司在上市融资和再融资过程中，要经由环保部门进行环保审核。它是继绿色信贷、绿色保险之后的第三项环境经济政策。同时在对绿色证券市场进行研究与试点的基础上，制定了一套针对高污染、高能耗企业的证券市场环保准入审核标准和环境绩效评估方法。从整体上构建了一个包括以绿色市场准入制度、绿色增发和配股制度以及环境绩效披露制度为主要内容的绿色证券市场，从资金源头上遏制住这些企业的无序扩张。① 从债券市场这一证券市场的组成部分来看，绿色债券是指任何将所得资金专门用于资助符合规定条件的绿色项目或为这些项目进行再融资的债券工具。相比于普通债券，绿色债券有以下四方面的特殊性：债券募集资金的用途、绿色项目的评估与选择程序、募集资金的跟踪管理以及要求出具相关年度报告等。绿色债券作为一种固定收益金融工具，其募集的资金通常用于投向符合规定条件的绿色项目。相较于普通债券，绿色债券在募集资金的用途及后续跟踪管理、绿色项目的评估与选择程序、年度报告等方面具有特殊性，且其可以较低的融资成本为绿色项目筹得资金，并减少期限错配的风险。

绿色债券需具备普通债券的基本要素，即发行人按法定程序发行债券获得一定资金的同时也必须承担义务，以资产作为担保，到期还本付息。其投资者可以是各类机构或个人，同时也像普通债券投资者一样承受相应的风险、拥有依法取得利息和到期收回本金的权利。

2007 年，欧洲投资银行发行了全球的第一只名为“气候意识债券”的绿色债券，打开了国际绿色债券发行的大门。经过 5 年多的市场探索，国际绿色债券市场 2013 年开始出现“爆发式”增长。2015 年，全球绿色债券发行额为 420 亿美元，达到 2011 年发行额的 4 倍。伴随国际绿色债券市场的快速发展，市场自发形成了一些绿色债券标准和原则，其中，公认度最高的是根据国际资本市场协会（ICMA）联合 130 多家金融机构共同出台的《绿色债券原则》（Green Bond Principles，GBP）和气候债券倡议（CBI）的《气候债券标准》（Climate Bonds Standards，CBS），两个标准互为补充，规范了绿色债券认定、资金管理、信息披露、独立机构认证以及认证流程监督等内容，为发行者、投资者以及其他参与者提供了指导和参考。

2015 年国家发展改革委印发《绿色债券指引》，将绿色债券定义为：募集资

① 季建邦：《论绿色证券制度的完善》，《法制与社会》2009 年第 19 期。

金主要用于支持节能减排技术改造、绿色城镇化、能源清洁高效利用、新能源开发利用、循环经济发展、水资源节约和非常规水资源开发利用、污染防治、生态农林业、节能环保产业、低碳产业、生态文明先行示范实验、低碳试点示范等绿色循环低碳发展项目的企业债券。

（二）发展现状

整体而言，我国绿色金融体系仍是以银行信贷为主，绿色证券发展尚处于探索和起步阶段，绿色融资中的直接融资比重较小。

从上市融资来看，随着中国资本市场规模的壮大，越来越多的企业开始寻求在沪深交易所上市融资。2008 年 2 月，国家环保总局发布《关于加强上市公司环境保护监督管理工作的指导意见》（环办〔2007〕105 号），强制要求未来公司申请首发上市或再融资时，进行环保核查。这一规定明确了拟上市企业的环保责任，对其他企业将产生极强的示范效应。2015 年 9 月，中共中央、国务院印发的《生态文明体制改革总体方案》（中发〔2015〕25 号）中提出要“加强资本市场相关制度建设，研究设立绿色股票指数和发展相关投资产品”，“建立上市公司环保信息强制性披露机制”。随着政策的不断出台，我国绿色股权市场构建取得了一定进展，体现在以下两个方面：

（1）实行了强制披露上市公司可持续发展信息制度。2008 年 2 月，国家环保总局经过 1 年的试点，正式发布《关于加强上市公司环保监管工作的指导意见》（环办〔2007〕105 号），从完善和加强上市公司环保核查制度、积极探索建立上市公司环境信息披露机制、开展上市公司环境绩效评估研究与试点、加大对上市公司遵守环保法规的监督检查力度四方面入手，促进上市公司持续改进环境表现。

（2）创设开发了绿色证券指数。我国股票市场上的绿色环保指数主要分为以下三个大类。第一类为可持续发展指数（ESG），主要针对企业在环境、社会责任、公司治理等方面的综合评价。第二类为环保产业类指数，这是目前国内绿色环保指数的核心品种，主要涵盖资源管理、清洁技术、产品和污染管理等范围内的上市公司。第三类为碳效率类指数，通过计算上市公司的碳足迹（二氧化碳排放量/主营收入），来选取碳排放量比较低的上市公司。截至 2015 年 10 月，中证指数公司编制的绿色环保类指数约 16 个，约占其编制的 A 股市场指数总数（800 余个）的 2%，尽管数量较少，但对绿色资本市场建设发挥了引导作用。

从债券市场来看，与国外发达国家近10年的绿色债券发展相比，我国绿色债券市场实践才刚刚起步，但绿色债券发展势头十分迅猛，已经成为全球的后起之秀。我国绿色债券市场发展最早可追溯到2014年5月，中广核风电有限公司在银行间市场发行10亿元“碳债券”。随后，中国农业银行、新疆金风科技股份有限公司等机构在海外分别发行绿色金融债和绿色企业债，但真正意义上的国内绿色债券市场并未建立。2015年9月，在中共中央、国务院印发的《生态文明体制改革总体方案》（中发〔2015〕25号）中，提出要在我国研究和发展绿色债券。2015年12月，中国人民银行发布了《关于发行绿色金融债券有关事宜的公告》（中国人民银行公告〔2015〕第39号）和与之配套的由中国金融学会绿色金融专业委员会编制的《绿色债券支持项目目录（2015年版）》，鼓励金融机构发行绿色金融债券，标志着我国绿色债券市场正式启动。2015年12月31日，国家发展改革委发布了《绿色债券发行指引》（发改办财金〔2015〕3504号）。2016年3月16日和2016年4月22日，上海证券交易所、深圳证券交易所先后发布了《关于开展绿色公司债券业务试点的通知》（上证发〔2016〕13号、深证发〔2016〕206号）。随着人民银行、国家发展改革委等债券市场主管部门相关指导性文件和金融监管部门及证券交易所关于绿色债券政策的密集出台，为国内绿色债券市场提供了政策支撑和制度保障。在政策推动下，以商业银行、环保类国企为代表的各发行主体争相试水（见表2－4）。绿色债券市场正式启动1个月后，2016年1月27日，浦发银行成功簿记发行境内首单绿色金融债券，实现了国内绿色金融债券从制度框架到产品发行的正式落地。当日，浦发银行的绿色金融债在银行间债券市场获得良好反响，超额认购2倍以上，年利率为固定利率2.95%。而国内首只绿色企业债花落北京汽车股份有限公司，2016年4月14日，由海通证券和中国工商银行联合主承的北京汽车股份有限公司“16京汽绿色债”，经国家发展改革委核准后公告发行，这是2015年12月31日国家发展改革委发布《绿色债券发行指引》以来，首只面世的绿色企业债券，也是首只H股上市公司发行的境内企业债券，第一期发行总额不超过25亿元。北京汽车股份有限公司此次的绿色债券募集资金总额不超过48亿元，其中25亿元用于北汽株洲基地技改扩能建设项目，23亿元用于补充营运资金。目前我国已发行的几期绿色债券，无论是发债主体评级还是债券本身评级均在AA以上，且以AAA为主，整体上已发行的绿色债券评级普遍较高，融资成本较低。

表2－4　我国绿色债券发行典型案例

发行时间	发行方	发行对象	第三方认证机构	评级（主体、债项）	发行期限	发行额	票面利率	典型特点
2014年5月12日	中广核风电	银行间债券市场机构投资者		AAAAAA —	5年	10亿元	5.65% +（5－20 BP）	国内首单包含“绿色属性”的债券
2015年7月24日	金风科技	机构投资者		AAAAAA	3年	3亿美元	2.5%	中资企业的首单境外绿色债券
2015年10月23日	中国农业银行	75%银行类投资者		AAAAAA	3年	4亿美元	2.125%	首单境外双币绿色金融债券
					5年	5亿美元	2.773%	
					2年	6亿元	4.15%	
2016年1月27日	上海浦东发展银行	银行间债券市场机构投资者	安华永明会计师事务所	AAAAAA	3年	200亿元	2.95%	境内首单发行绿色金融债券
2016年3月29日					5年	150亿元	3.2%	
2016年1月28日	兴业银行	银行间债券市场机构投资者	中央财经大学气候与能源金融研究中心	AAAAAA	3年	100亿元	2.95%	境内首单完成全部缴款的绿色金融债券
2016年3月14日	青岛银行	银行间债券市场机构投资者	—	AA + AA +	—	—	—	境内首单由城商行发行的绿色金融债券
2016年4月7日	协合风电	银行间债券市场机构投资者	—	AAAA	—	—	—	—
2016年4月14日	北汽股份有限公司（联席主承销商：海通证券、中国工商银行）	中国境内合格机构投资者	普华永道中天会计师事务所	AAAAAA	7年	不超过25亿元	3.45%	国内首只绿色企业债券

（三）存在的问题

从上市企业来看，我国绿色股权市场在实践过程中仍处于摸索阶段，其激励机制、法律保障、上市环保核查、环保绩效评估、信息披露等方面尚存在较多需要解决的问题，主要体现在以下方面：缺乏鼓励绿色企业上市的激励机制。在当前我国的企业上市审批过程中，缺少专门支持绿色企业在主板、中小板、创业板、“新三板”等多层次资本市场上市（挂牌）的政策、上市审批标准上既没有针对绿色企业的倾斜，也没有针对绿色企业 IPO 排队的快速通道，对绿色企业上市的激励机制有待建立。证券市场绿色制度有待上升为立法。从国外相关制度实践的成功经验来看，证券市场的绿色化对相关环境法制建设具有较高的要求，我国绿色证券制度没有纳入《证券法》和《公司法》，尚未形成健全上市公司环境信息强制披露的法律环境，虽然制定了一些对上市公司信息公开方面的规定，但没有上升到法律层面，且并不具体规范应予强制披露的信息，导致上市公司环境信息披露制度的进展十分缓慢。环境会计和审计有待完善。由于环境会计与审计方面缺乏相应的理论和法规，我国上市公司的财务报表中几乎没有专门列示和反映与环境信息相关的会计科目，这使企业可以通过会计手段逃避一些应当予以披露的信息。上市环保核查执行有待加强。我国的上市公司环保核查制度已经具备一定的基础，但是这些规定多为原则性、综合性的指导目录，缺乏具体可依的细则和评价标准，使环保核查制度的实施效果大打折扣。

从债券市场来看，我国绿色债券市场尚存在发债主体较为单一、审批监管等环节多头管理、缺乏第三方权威认证机构、科学合理的绿色债券定价机制等问题，在一定程度上抑制了我国绿色债券市场的发展。主要问题体现在以下方面：参与主体较为单一，民营企业在绿色债券发行上机会相对较少。从发行方来看，目前我国绿色债券的发行主体主要是商业银行和少量国企。从理论和国际经验来看，诸如多边或区域性开发银行、政策性银行、地方政府和民营企业等，都应该纳入绿色债券发行的主体，但目前我国绿色债券发行主体比较单一，以商业银行和国有企业为主，多元化的市场主体尚未形成。从投资方来看，目前发行对象主要针对银行间债券市场成员等机构投资者，私人投资者参与程度不高。债券发行多头管理，监管和标准亟待统一。由于我国债券存在一定的市场分割，监管相对分散，按照发行主体、交易场所、债券类型不同，对应着不同的监管部门和交易规则。如绿色金融债由中国人民银行核准发行，绿色企业债由国家发展改革委核准发行和存续期监管，而绿色公司债由证监会或交易所核准发行，由证监会监管。不同部门出台的政策性文件在绿色债券的界定范围、发行规则以及激励措施等方面均有较大不同。在政府激励方面也均为指导性条款，现实可操作性不强。缺乏专业性、权威性强的第三方认证机构，绿色认证评估体系尚未建立。对投资项目的绿色属性及程度进行判断和评估是绿色债券发行的基础。但国内专业的绿色认证机构还没有形成规模，虽然从市场实践看，国内发行的几单绿色债券在发行前均引入第三方认证机构对债券的绿色属性进行认证，但第三方认证机构本身参考的认证标准、评估方法以及专业性程度并未得到保证。科学合理的绿色债券定价机制尚未形成。与普通债券相比，绿色债券的定价机制更为复杂。除了要综合考虑市场利率、主体及债项评级、期限结构、违约风险等影响债券定价的普遍因素外，还要在价格中充分引入“绿色”因素，包括绿色债券产生的环境效益、对投资方声誉的正面影响、项目公益化程度以及政策支持情况等。对以上因素进行科学合理的量化处理，引入到绿色债券定价模型中，形成市场化的定价机制，有利于我国绿色债券市场的健康长远发展，但国内暂时还没有相关尝试。

三、绿色基金

（一）绿色基金的定义

绿色基金是指专门针对节能减排战略、低碳经济发展、环保产业，环境优化改造项目而建立的专项投资基金，其目的旨在通过资本投入促进节能减排事业发展。绿色产业基金的投资理念是：环境保护与金融投资的目标融合，核心是强调人与自然的协调发展。它将投资者对社会以及环境的关注和他们的金融投资目标结合在一起，不是追求纯粹物质利益的最大化，而是整体社会福利的最大化。这就要求绿色产业基金不仅仅从经济角度出发，而且考虑投资对象对自然和环境的影响。

绿色基金同绿色信贷、绿色债券、绿色保险一道构成绿色金融体系的重要组成部分。成立绿色产业基金的根本目的是希望通过投资于绿色环保相关产业或公司，在获得良好投资回报的同时，也能够有效地维护或改善生态环境、推动整个社会的可持续发展，这对中国社会的环境保护和绿色发展来说尤为重要。

（二）发展现状

绿色基金可以用于投资雾霾治理、水环境治理、土壤治理、污染防制、清洁能源、绿化和风沙治理、资源利用效率和循环利用、绿色交通、绿色建筑、生态保护和气候适应等相关领域项目，在绿色金融体系中资金来源较为广泛，对绿色项目融资具有举足轻重的作用。

我国绿色基金发展比较滞后，2011 年 2 月才出现了第一只绿色投资基金“兴全绿色投资股票型证券投资基金”，它重点关注绿色科技产业或公司（主要是清洁能源和环保产业）、传统产业中积极履行环境责任致力于向绿色产业转型的公司、在绿色相关产业发展过程中做出贡献的公司。2015 年，党的十八届五中全会正式提出“绿色”发展理念以来，随着对水、土壤专项规划以及“十三五”规划的逐步出台，使环保概念成为 A 股市场的重要投资主题。自中国人民银行、财政部等 7 部委联合印发《关于构建绿色金融体系的指导意见》提出发展绿色基金以来，我国绿色基金发展进入快车道。基金普遍看好环保行业的投资机会，近两年相继推出以环保为主题的基金产品。这一新的绿色金融业态正在通过政府和社会资本合作（PPP）模式动员社会资本、实施市场化运作等方式加速发展，绿色基金数量明显提升。2017 年 6 月 14 日，国务院决定在浙江、江西、广东、贵州、新疆 5 省（区）选择部分地方，建设各有侧重、各具特色的绿色金融改革创新试验区，在体制机制上探索可复制、可推广的经验，推动经济绿色转型升级。明确支持创投、私募基金等境内外资本参与绿色投资。

截至 2016 年底，全国已设立并在中国基金业协会备案的节能环保、绿色基金共 265 只，其中约 59 只由地方政府及地方融资平台公司参与发起设立，占比达到 22%。在这 265 只节能环保、绿色基金中，股权投资基金 159 只，占比达到 60%；创业投资基金 33 只；证券投资基金 28 只；其他类型基金 45 只。随着绿色产业在国家战略地位的提升，以及鼓励绿色产业发展政策的陆续出台，绿色基金将迎来发展良机。我国绿色基金加速发展，主要体现在以下几个方面：

各级政府大力支持发起设立绿色发展基金。目前，内蒙古、云南、河北、湖北、广东、浙江、贵州、山东、陕西、重庆、江苏、安徽、河南、宁夏等省市已经纷纷建立起绿色发展基金或环保基金，贵州还建立起了绿色金融交易平台。地级市也在大力推动绿色基金的发展，例如普洱市绿色经济发展基金、张家口市绿色发展产业基金等地市级绿色基金相继设立，带动绿色投融资，促进地方政府投融资改革，帮助筹措绿色城镇化资金，各级政府发起绿色发展基金成为一种趋势。

企业积极创设绿色私募股权和创业投资基金。目前，节能减碳、生态环保已成为很多私募股权基金和创业投资基金关注的热门投资领域。2010 年以来，一些大型企业积极参与绿色基金设立和运作，如中国节能环保集团公司联合银行、保险公司、工商企业等设立的绿色基金已超过 50 亿元人民币；建银国际联合上海城市投资开发总公司共同设立建银环保基金；亿利资源集团、泛海集团、正泰集团、汇源集团、中国平安银行等联合发起设立了绿丝路基金，致力于丝绸之路经济带生态改善和光伏能源发展等。

环保类上市公司成为发起设立绿色并购基金的主要力量。2015 年以来，环保类上市公司逐渐成为发起设立绿色并购基金的主要力量，例如，南方泵业设立“环保科技并购基金”；格林美设立“智慧环保云产业基金”；再升科技发起设立“再升盈科节能环保产业并购基金”；高能环境设立“磐霖高能环保产业投资基金”；等等。进入 2016 年，环保并购基金持续得到市场关注，这种热潮势必会引起一轮环保产业的并购热潮。

绿色基金成为中国国际绿色金融合作的重要载体。绿色基金已成为全球绿色金融合作的重要载体。如中美绿色基金与张家口市政府共同发起设立的“张家口市绿色发展产业基金”。该基金作为绿色金融国际合作的载体，促成并加速美国节能环保技术与经验在中国市场的应用，专注于张家口市及其周边地区绿色发展和节能环保领域的投资，旨在为张家口市的绿色节能产业发展提供金融服务，推动 2022 年冬奥会协办城市张家口推动节能减排，降低用能成本，发展绿色经济。

（三）存在的问题

目前，中国绿色金融中的绿色信贷、绿色债券、绿色保险已取得积极进展，绿色基金也将进入快速发展阶段。然而，在现有的宏观金融形势和金融改革背景，以及全国低碳发展目标之下，我国的绿色基金发展面临着很多挑战。针对绿色基金投融资经常面临的高风险、期限错配、信息不对称、产品和分析工具缺失等问题，政策的顶层设计落到具体执行层面时，所依据的细则还并不完善：绿色项目的收益风险分担机制并不完善，激励投资者进行绿色投资的动力不足；绿色基金产品在设计和发行的过程中，无法突破原有的限制，配套的细则尚未落实到位。绿色基金发展突出的问题主要有以下几个方面：

绿色基金的政策、评价体系等多个方面发展环境有待优化。目前，国家层面尚未出台对绿色基金的具体扶持政策，地方政府在支持绿色基金发展的财税金融政策在实践中还需要不同层面予以推进落实。绿色基金的特殊性要求相应机构对其开展投资评级时，需要针对性更强、符合绿色基金特点的评价体系，我国尚未专门建立适用绿色基金投资绩效评价体系。

绿色基金指数有待扩容。目前国内的环保指数选取的样本股主要涉及机械设备公用事业和能源中从事环保产业的企业，还未将大部分环境绩效好的企业纳入其中，难以起到促进企业改善其环境绩效的作用，建立覆盖范围更广的绿色基金指数，为绿色基金投资者提供更充足的信息尤为迫切。

绿色基金产品相对匮乏。目前国内金融市场绿色投资基金产品十分缺乏，导致投资者缺少支持绿色发展的投资渠道。同时，国际上普遍采用的社会养老基金进行生态投资以及以共同基金私募基金等方式进行融资，建立绿色投资基金的模式在我国还不成熟，限制了绿色投资基金产品的开发。

四、绿色保险

（一）绿色保险的定义

绿色保险通常是指与环境风险管理有关的各种保险计划，其实质是将保险作为一种可持续发展的工具，以应对与环境有关的一些问题，包括气候变化、污染和环境破坏，绿色保险作为绿色金融不可分割的一部分，其实质是将保险作为一种有效的工具，来达到保护生态环境的目的，以此促进经济社会的可持续发展。狭义上的绿色保险是一种以被保险人由于污染水、土地或者空气等自然环境，依法应该承担的赔偿责任为保险对象的商业保险，也称“环境责任保险”（以下简称“环责险”）。广义上的绿色保险还包括与农业、其他社会生产领域相关的通过创新保险模式来实现改善环境的保险，是一种以环境保护为目的，协调各生产领域的险种。

现阶段中国对绿色保险的定义通常特指一类特定的险种，即“环境污染责任保险”。目前还没有把气候变化这一更为长期的环境风险纳入绿色保险范畴内。

（二）发展现状

我国绿色保险发展处于起步阶段。早在20世纪90年代初，大连、沈阳、长春等地的环保部门就与保险公司开始探索开发和使用绿色保险产品。2007年，国家环境保护总局和中国保险业监督管理委员会（以下简称“保监会”）联合印发《关于环境污染责任保险工作的指导意见》，启动了环境污染责任保险政策试点。2008年，全国环境污染责任保险试点工作在江苏、湖北、湖南、重庆、深圳等地积极展开。2013年1月，环保部和保监会联合发文，指导15个试点省份在涉及重金属企业、石油化工等高环境风险行业推行环境污染强制责任保险，首次提出了“强制”概念，但该文件现阶段仍属于“指导意见”。2015年1月1日，我国正式实施的《环境保护法》增加了环境责任保险的原则性条款。2015年5月，中共中央、国务院在《关于加快推进生态文明建设的意见》（中发〔2015〕12号）中，提出深化环境污染责任保险试点；2015年9月，《生态文明体制改革总体方案》（中发〔2015〕25号）中要求在环境高风险领域建立环境污染强制责任保险制度。目前已有中国人民财产保险股份有限公司、中国平安保险（集团）股份有限公司和华泰财产保险股份有限公司等10余家保险企业推出环境污染责任保险产品。然而，环境污染强制责任保险在我国的发展状况却并不理想。据统计，2014年全国范围内22个省份有超过5000家企业投保，涉及重金属、石化、危险化学品、危险废物处置、医药、印染等行业，而截至2015年12月，仅剩下4000多家企业投保，并且其中大量企业没有续保意愿。从保费收入来看，环境污染责任保险年保费收入刚刚突破亿元大关，相对于我国2015年2.5万亿元保费收入来说几乎可以忽略不计。

（三）存在问题

总体来看，我国目前的绿色保险市场发展并不平衡，绿色保险产品的开发供给与实际需求并不匹配，存在供给与需求双缺失的现象。截至2014年底，我国有财险公司52家，包括34家中资保险公司和18家外资保险公司，但是在这52家财险公司当中，开展绿色保险业务的只有11家（含2家外资公司），占比仅为21%。整体而言，绿色保险覆盖范围较小，市场活跃程度较低。

从需求方看，企业的环保意识不强，对绿色保险认识不足。受制于历史发展因素，我国主要的环境污染企业多集中在与化学品相关的企业、易发生环境污染的石油化工企业以及各类重工业生产企业中，这些行业企业大多是国有企业，在污染发生时，常常出现“靠政府埋单”的现象，一旦造成环境污染事件，首先想到的是靠政府而不是保险市场解决，企业对绿色保险的认识普遍不足。

从供给方看，绿色保险的制度供给有待加强，保险公司产品创新能力有待提高。在政府的制度供给层面，我国在环境损害的赔偿责任方面还没有较为健全的机制，对于存在污染环境问题的企业没有强力的责任追究制度，仅仅停留在行政处罚上面，环境风险的压力也无法正常发挥作用，导致绿色保险没有得到应有发展。另外在赔偿数额上常常受到行政干预，缺少相应的法律依据，往往对企业不构成风险压力，环境污染现象依旧。同时，由于目前我国在环境污染事故之后的评价机制还不完善，在很大程度上增加了保险公司的认定难度，无法合理地给予赔偿，客观上阻碍了绿色保险的普及和发展。在保险公司的产品供给方面，我国绿色保险的产品较为单一，且产品针对性并不强。我国保险公司所开发的绿色保险险种主要集中在船舶、石油钻井以及天然气勘探等容易造成环境污染的行业领域上，且这些都是我国法律规定的必须参保行业。保险公司开发提供的绿色保险产品也多是基于现有的法律法规所涉及的渗漏污染责任险、船舶污染险等。对于一些诸如水污染责任险、噪声责任险以及核辐射责任险等其他环境保险没有进行积极的开发和进行相应的市场投放，保险产品的单一化在很大程度上阻碍了企业在实际投保时的选择，客观上影响了绿色保险的发展。

五、碳金融

（一）碳金融定义及理论

二氧化碳等温室气体排放导致的全球气候变暖问题在经济学中被称为负外部性问题，因为排放这些温室气体的主体虽然给外部带来了危害，却没有支付任何补偿，最终把应由私人承担的成本转嫁到外部，变成全社会的成本。碳交易的理论基础源于科斯定理，根据科斯定理，产权界定清楚，人们就可以有效地选择最有利的交易方式，使交易成本最小化，从而通过交易来解决各种问题。相应地，如果把二氧化碳等温室气体的排放权视为一种归属明确的权利，则可以通过在自由市场上对这一权利进行交易，从而将社会的排放成本降为最低。在科斯定理基础上，进一步发展出了“总量与交易”（Capand Trade）理论，政府根据环境容量及稀缺性理论设定污染物排放上限（总量），并以配额的形式分配或出售给排放者，作为一定量特定排放物的排放权。1968 年，美国经济学家戴尔在此基础上率先提出了排放权交易体系（ETS）。ETS 最初的成功应用是在排污权交易方面，即美国 1995 年开始实施的著名“酸雨计划”。随后在《京都议定书》谈判过程中，ETS 被用于解决全球变暖问题，确立了国际排放贸易（IET）、联合履约（JI）和清洁发展机制（CDM）3 种碳交易机制。IET 是总量控制下的配额交易体系，JI 和 CDM 2 种项目产生的减排量则可以用于抵消部分配额，两者结合形成了强制碳交易市场。此外，一些机构及个人出于社会责任目的，通过购买项目减排量实现自身碳中和，在此基础上形成的自愿碳交易（VER）市场，也是碳市场的重要补充。碳金融市场指金融化的碳市场。由于欧美金融市场高度发达，碳金融与碳交易一致，即出售基于项目的温室气体减排量或者交易碳排放许可所获得的一系列现金流的统称。世界银行碳金融部定义碳金融是向可以购买温室气体减排量的项目提供资源。欧洲复兴开发银行定义碳金融是为温室气体减排项目融资。

广义而言，碳金融是指服务于控制温室气体排放的相关金融活动，主要包括温室气体的排放权及衍生品的交易和投资、低碳项目开发的直接与间接投融资及其他相关的金融中介活动。碳金融包括以下四个层面：基于银行等金融中介机构对低碳项目投融资的贷款型碳金融、基于低碳项目的风险投资和直接融资的资本型碳金融、基于碳排放权实物交易的交易型碳金融、基于碳排放权和其他碳金融衍生品交易和投资的衍生型碳金融。

（二）发展历程

为了积极应对全球气候变化带来的严峻挑战和国内日益严峻的环保形势，我国积极参加国际公约、发布专门气候政策法令，颁布与应对气候变化相关的国内政策，国内碳交易市场试点启动（见表 2－5）。中国政府于 1998 年 5 月签署并于 2002 年 8 月核准了《京都议定书》，之后积极参与议定书中唯一与发展中国家有关的灵活履约机制—清洁发展机制（CDM），并于 2005 年 10 月 12 日出台了修订后的《清洁发展机制项目运行管理办法》，用以促进和规范 CDM 项目活动。

2014 年 12 月中国政府在《联合国气候变化框架公约》第 20 轮缔约方会议（COP20）上承诺其二氧化碳排放量将在 2030 年左右达到峰值，有推算认为最高将达到 150 亿吨。

表 2-5　中国碳市场政策演变①

发布时间	政策文件/重要声明	相关内容
2007 年 6 月	《中国应对气候变化国家方案》	把应对气候变化与实施可持续发展战略、加快建设资源节约型、环境友好型社会和创新型国家结合起来，纳入国民经济和社会发展总体规划和地区规划，努力控制和减缓温室气体排放
2009 年 11 月	哥本哈根气候大会	中国政府承诺到 2020 年单位 GDP 碳排放比 2005 年下降 40%～45%，建立全国统一的统计、监测和考核体系
2010 年 8 月	《关于开展低碳省区和低碳城市试点工作》（发改气候〔2010〕1587 号）	研究运用市场机制推动实现减排目标
2011 年 10 月	《关于开展碳排放权交易试点的通知》（发改办气候〔2011〕2601 号）	国家发展改革委批准北京、天津、上海、重庆、湖北、广东和深圳 7 个地区开展碳排放权交易试点工作
2012 年 6 月	《温室气体自愿减排交易管理暂行办法》（发改办气候〔2012〕1668 号）	国家发展改革委对自愿减排项目管理、项目减排量管理、减排量交易、审定与核证管理等做了细致规定
2012 年 11 月	党的十八大报告	大力推进生态文明建设，积极开展节能量、碳排放权、排污权、水权交易试点
2013 年 11 月	十八届三中全会关于全面深化改革若干重大问题的决定	提出发展环保市场，推行节能量、碳排放权、排污权、水权交易制度，建立吸引社会资本投入生态环境保护的市场化机制，推行环境污染第三方治理
2014 年 12 月	《碳排放权交易管理暂行办法》（中华人民共和国国家发展和改革委员会令第 17 号）	国家发展改革委对全国碳排放权交易市场发展的方向、思路、组织架构以及相关基础要素设计提出了规范性要求

① 根据公开报道笔者整理。

续表

发布时间	政策文件/重要声明	相关内容
2015 年 9 月	《中美元首气候变化联合声明》	我国政府首次正式对外宣布将于 2017 年启动全国碳排放交易体系。将覆盖钢铁、电力、化工、建材、造纸和有色金属等重点工业行业。中国到 2030 年单位国内生产总值二氧化碳排放将比 2005 年下降 60% ~65%，森林蓄积量比 2005 年增加 45 亿立方米左右
2015 年 9 月	《生态文明体制改革总体方案》（中发〔2015〕25 号）	中共中央提出要求深化碳排放权交易试点，逐步建立全国碳排放交易市场
2015 年 10 月	十八届五中全会公报/决定	中共中央提出建立健全用能权、用水权、排污权、碳排放权初始分配制度
2015 年 11 月	《中法元首气候变化联合声明》	中法双方将加强在多边场合气候变化相关问题的对话与合作，在推动绿色金融、能效、碳市场机制和逐步取消低效化石能源补贴方面发挥作用
2016 年 11 月	《“十三五”控制温室气体排放工作方案》（国发〔2016〕61 号）	对“十三五”时期应对气候变化、推进低碳发展工作做出全面部署。方案指出，要建设和运行全国碳排放权交易市场
2016 年 11 月	《巴黎协定》	9 月全国人大常委会批准中国加入《巴黎气候变化协定》，11 月正式生效。《巴黎协定》确立了 2020 年后以国家自主贡献为主体的国际应对气候变化机制安排，重申了《联合国气候变化框架公约》确立的共同但有区别的责任原则

为了更好地履行在《联合国气候变化框架公约》的承诺，减少国内的碳排放，2011 年，国家发展改革委办公厅发布了《关于开展碳排放权交易试点工作的通知》（以下简称《通知》），旨在落实“十二五”规划关于建立我国碳排放交易市场的要求，《通知》正式批准了北京、上海、湖北、广东、重庆、天津、深圳七省市开展碳交易试点工作，并于 2013 年在上述七省市陆续启动了碳交易试点，交易产品主要包括碳配额和国家核证自愿减排量（以下简称 CCER）。从试点情况来看，湖北、深圳、上海和北京的特点比较突出：湖北碳排放权交易中心在交易总量、总额、累计日均成交量、投资者数量、省外引资金额等主要市场指

标方面均位居全国第一。深圳是最早引入机构和个人投资者，同时也是目前唯一引入境外投资者的市场，主要得益于其较高的市场开放度，其交易活跃度最高。上海环境能源交易所线上交易规模位列全国第三，是国内目前唯一连续 3 年 100% 履约的试点碳市场。从北京来看，由于金融机构、碳资产管理公司、大型央企总部都在北京，而且全国碳市场的设计团队也在北京，它们是未来可持续碳金融产品研发的重要利益相关方，尽管总体交易量不大，但其碳交易产业链最为完善。相比这四个省市，其他试点市场无论从交易量、交易活跃度还是创新程度来看，并不具备代表性。截至 2016 年 5 月 6 日，七个试点碳市场的碳配额累计交易量为 6799 万吨，累计成交额达 17.6 亿元人民币①（见表 2-6）。

表 2-6 七试点市场交易情况（2016 年 5 月 6 日）

试点交易所	当日成交量（吨）	当日成交额（元）	当日成交均价（每吨/元）	累计成交量（万吨）	累计成交额（亿元）
北京环境交易所	18754	835944.6	44.57	266.93 359.74（协议转让）	2.67
天津排放权交易所	80	1852	23.15	31.77 172.99（协议转让）	0.36
上海环境能源交易所	304	1520	5	335.96 522.29（协议转让）	0.96
广州碳排放权交易所	—	—	—	1003.7234	2.09
湖北碳排放权交易中心	8327	137596.96	16.52	30038	7.05
深圳排放权交易所	353	12886.6	36.51	1088.79	4.1
重庆碳排放权交易中心	—	—	—	302025	0.07

（三）碳金融及碳金融产品概况

碳金融是基于碳交易市场，由银行、证券、保险、基金等金融机构深度参与，引入碳期货、碳期权等碳金融产品，并形成规模化交易的各种金融制度安排

① 资料来源：深圳排放权交易所。

和金融交易活动，是碳市场的高级阶段，也是碳交易活动的发展方向。

随着我国七省市碳交易试点的逐步深入，2014 年以来，国内碳金融产品发展进入快车道，七个试点碳市场相继推出了多款碳金融创新产品（见表 2 -7）。在交易产品创新方面，深圳、湖北推出了碳基金和碳配额托管，上海推出了碳市场集合资产管理计划，北京推出了碳配额场外掉期交易。在融资产品创新方面，深圳推出了碳债券和绿色结构存款，湖北推出了配额质押贷款，上海推出了 CCER 质押贷款，北京推出了配额回购融资和碳资产授信。在交易主体范围扩大方面，深圳引入境外投资者参与碳市场交易。

表 2 -7　试点碳市场主要碳金融创新①

试点市场	碳金融工具/创新	推出时间	业务规模（金额或配额量）	创新性
深圳	碳债券	2014 年 6 月	10 亿元	银行间债券市场绿色创新典型案例、意向合作协议
	引入境外投资者	2014 年 9 月	—	外管局批准首次向境外投资者开放碳市场
	碳基金	2014 年 10 月	5000 万元	首只私募基金、首个证监会备案市场交易基金产品
	绿色结构性存款	2014 年 12 月	约 20 万元	—
	碳配额托管	2015 年 1 月	未公布	首批碳配额托管机构、第三方管理企业碳资产新模式
	碳配额质押融资	2015 年 11 月	4.2 万吨	—
	回购	2016 年 4 月	400 万吨	—
上海	碳指数	2014 年 4 月	—	—
	碳市场集合资产管理计划	2014 年 12 月	2 亿元	首个大型券商参与的碳市场、投资基金
	CCER 质押融资	2014 年 12 月	500 万元	—
	碳基金	2015 年 1 月	2 亿元	—
	碳信托	2015 年 4 月	5000 万元	—
	借碳	2015 年 8 月	未公布	—
	回购	2016 年 3 月	约 50 万吨	—

① 资料来源：北京、上海、深圳、广东、湖北五省市发改委及碳交易所网站，笔者整理。

续表

试点市场	碳金融工具/创新	推出时间	业务规模（金额或配额量）	创新性
北京	碳指数	2014 年 6 月		—
	碳配额回购融资	2014 年 12 月	1330 万元	开创企业融资新渠道
	碳配额场外掉期	2015 年 6 月	50 万元	首个碳衍生交易产品、交易方式重大创新
	碳配额质押融资	2015 年 8 月	—	四大行首次接受碳资产作为抵押品
	担保型 CCER 碳远期合约	2015 年 8 月	每年产生减排量 30 万吨	国内第一笔担保型 CCER 碳远期合约
湖北	碳金融授信	2014 年 4 月	600 亿元	—
	碳配额质押融资	2014 年 9 月	4000 万元	—
	碳债券	2014 年 11 月	20 亿元	银行间债券市场绿色创新典型案例、意向合作协议
	碳基金	2014 年 11 月	3000 万元	—
	碳配额托管	2014 年 12 月	100 万吨	首批碳配额托管机构、第三方管理企业碳资产新模式
	基于 CCER 的碳众筹	2015 年 7 月	20 万元	—
	远期现货	2016 年 4 月	上线首日成交量 680 万吨，交易金额 1.5 亿元	—
广东	碳资产抵押品标准化管理	2015 年 2 月		—

（四）存在问题

2016 年 4 月，我国签署《巴黎协定》，承诺将积极做好国内的温室气体减排工作，加强应对气候变化的国际合作，展现了全球气候治理大国的巨大决心与责任担当。在此背景下，我国碳市场建设的步伐进一步加快，在 2016 年底前完成国家立法、数据准备、配额分配、支撑系统建设等各项准备工作。作为中国应对气候变化的政策与行动的一部分，我国启动的碳排放权交易试点工作已平稳运行两年，且取得显著成果，为全国碳市场的建设积累丰富经验，奠定扎实基础。然而，碳市场在我国发展历程相对较短，同发达国家特别是与欧盟 EU – ETS 相比，我国各试点地区在碳金融市场还存在着以下问题有待解决：

一是总量控制目标的基准年不统一，缺乏延续性和长期性。欧盟的排放基准是以 1990 年为基准，减排计划一直规划到 2020 年。而我国国家层面的总量控制的基准年 5 年一变，这给不同地区和企业的减排带来以下两个问题：一是由于目标缺乏长期性，使企业无法制定减排技术和设备投资的长期规划；二是由于目标缺乏延续性，上一规划期积极多减排的地区和企业在下一规划期的减排压力更大；而上一规划期少减排的地区和企业在下一规划期的减排压力却更小，这种总量目标控制设计打击了地方和企业减排的积极性，客观上造成了逆向激励。

二是缺乏碳排放权交易专项法律，惩罚水平有限。在法律体系层面，由于缺乏碳排放权交易的专项法规，碳排放权的正当性和合法性并没有受到保障，立法是我国的当务之急。此外，目前我国缺乏严格有效的对超额排放的惩罚制度，在试点地区中，北京市提出超额排放的最高罚款额为市场价的 3～5 倍，深圳市提出最高 3 倍市价罚款，这种跟排放权价格挂钩的惩罚水平所传递出来的价格信号非常模糊和脆弱，对超排企业缺少约束力。除了北京和深圳，其他试点地区并没有针对碳排放权交易的开展而颁布新的惩罚规则。

三是缺乏统一交易规则，交投不活跃。我国各试点地区的碳排放交易方式不统一，采取竞价和协议转让两种交易方式，协议转让方式缺乏价格透明度，对市场价格没有引导作用。且交易量普遍偏低，集中在每天 1000～2000 吨，单笔交易量多则不过几百吨，相比我国 2016～2020 年设定年碳排放上限 100 亿吨（每天 2740 万吨左右）而言，交易量过低。交易主体的数量也集中在个位数，交投整体不活跃。我国各试点地区从交易方式、交易规模和交易行情来看差异较大，不利于正在筹备的全国统一碳排放权交易平台建设。

四是基础数据不足和信息公开制度不完善造成配额分配困难。由于缺少各企业的历史排放数据，各试点城市和地区只能依靠企业自己提供的排放报告来开展工作，而且由于企业的排放信息并没有向公众和社会公开，企业自行报告的往年排放数据存在失真的问题，对配额的分配会产生负面影响。我国目前并没有颁布统一的温室气体排放核算方法与排放报告实施细则，各试点地区的核算方法与排放报告制度各不相同，碳排放数据的收集缺乏一致性，市场的参与者没有得到充足且准确的信息，从而无法对风险和收益进行预判，导致我国碳交易市场参与度偏低。

第三章　北京绿色金融发展现状

内容提要：本章研究了北京绿色信贷、绿色债券、绿色上市公司、绿色基金及碳金融的发展现状。结果表明，2014 年以来，北京绿色信贷规模总量保持在较高水平，略有小幅波动。2016 年，北京绿色债券的发行数量和规模均位居全国前列，债券品种以公司债、企业债为主，募集资金用途中节能和清洁能源占比较大，债券评级以 AAA 级为主。北京环保类绿色上市公司总体数量位居全国前列，占比达 15%。就非政策性绿色基金而言，北京绿色基金主要以环保、新能源等为主，2015～2016 年北京成立的绿色基金的数量爆发式增长。另外，北京碳市场自 2013 年 11 月开市以来，形成了相对完整的政策法规体系和较为完善的碳交易机制，进行了多种形式的碳金融产品创新。

2016 年 12 月，市金融局、市发展改革委印发的《北京市“十三五”时期金融业发展规划》（京金融〔2016〕265 号）提出，北京要加快构建基于绿色信贷、绿色债券、绿色上市公司、绿色基金、绿色保险、碳金融等在内的绿色金融体系，打造绿色金融创新中心，成为首都金融发展的重要支撑。2017 年9 月，市金融局发布了《关于构建首都绿色金融体系的实施办法》，北京市绿色金融发展从政府层面正式启动。以下内容将分别对北京绿色信贷、绿色债券、绿色上市公司、绿色基金、碳金融等进行阐述。

一、北京绿色信贷发展现状

近年来，北京辖内主要银行业金融机构[①]认真履行社会责任，积极服务于生态保护和环境治理领域项目，给予信贷融资支持，近几年绿色信贷规模总量保持在较高水平，略有小幅波动。

（一）2014～2016年北京绿色信贷发展状况

1. 绿色信贷规模总量保持稳定

根据北京银监局数据，2014年以来，北京绿色信贷余额基本在8300亿元上下浮动，2016年末绿色信贷余额为8324.58亿元（见图3－1）。

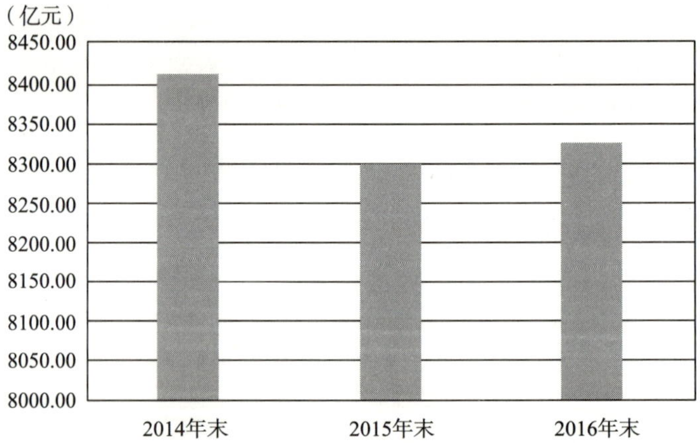

图3－1　2014～2016年北京绿色信贷余额

资料来源：笔者根据北京银监局提供数据绘制。

从全国绿色信贷总体来看，2015年末，北京市绿色信贷余额在全国绿色信贷余额中占比为11.84%。

① 是指政策性银行、国有商业银行、股份制商业银行和邮政储蓄银行等21家银行的23家北京辖内分支机构。

从北京市全部信贷投向来看，2016 年末，北京市绿色信贷余额 8324.58 亿元，占相应机构各项贷款余额的 16.39%。根据银监会公开信息来看，2016 年上半年全国绿色信贷余额占全部贷款余额比例为 9.0%。北京市投向绿色信贷领域贷款资金，显著高于全国平均水平。

2. 节能环保项目及服务贷款余额逐年增长，战略新兴产业绿色信贷余额逐年下降

绿色信贷领域贷款由节能环保项目及服务贷款和投向战略新兴产业中绿色信贷领域的贷款两部分构成。2014～2016 年，北京绿色信贷领域贷款中，节能环保项目及服务贷款余额逐年增长，2016 年末达到 6954.81 亿元，在全部绿色信贷中占比稳步提升，2016 年末达到 83.55%；投向战略新兴产业的绿色信贷余额逐年下降，2016 年末为 1369.77 亿元，占比下降到 16.45%（见图 3－2）。

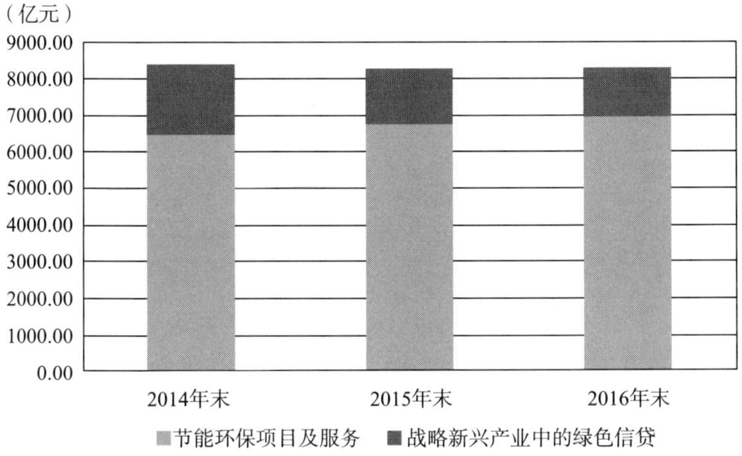

图 3－2　2014～2016 年北京绿色信贷分类余额

资料来源：笔者根据北京银监局提供数据绘制。

（二）2016 年北京绿色信贷发展状况

1. 节能环保项目及服务贷款余额稳步增加，金融支持环保行业作用日益突出

节能环保项目及服务贷款是绿色信贷领域贷款的主要组成部分。近年来，北京市积极以绿色金融带动节能环保行业发展，从顶层设计、差别化信贷管理和产品创新三方面入手解决节能环保企业融资问题，着力引导银行等金融机构推进

“绿色金融”创新业务，金融支持环保行业作用日益突出。2016年末，辖内主要银行业金融机构节能环保项目及服务贷款余额6954.81亿元，比年初增加193.75亿元，增长2.87%。其中不良贷款余额0.70亿元，不良贷款率0.01%，远低于北京市同期银行业各项贷款不良率0.59%，更加远低于全国同期银行业各项贷款不良率1.74%，绿色信贷资产质量优良。

2016年，北京辖内节能环保项目及服务贷款的投放主要呈现出以下三个特点。[①] 一是绿色出行相关贷款规模占比较大。2016年末，绿色交通运输项目类贷款余额5037.20亿元，占节能环保项目及服务贷款的73%（见图3-3）。

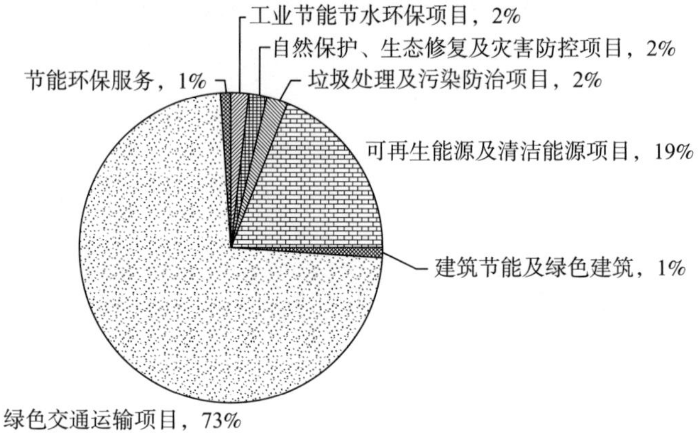

图3-3　节能环保贷款的投向占比

资料来源：笔者根据北京银监局提供数据绘制。

二是可再生能源及清洁能源项目贷款增长较快。2016年末，可再生能源及清洁能源项目贷款余额1321.92亿元，比年初增加88.48亿元，占节能环保项目及服务贷款全年增量的45.67%；其中风电项目类贷款余额679.44亿元，比年初增加65.39亿元，增长10.65%。

三是政策性银行和国有商业银行在贷款投放中发挥主力作用。2016年末，北京辖内政策性银行和国有商业银行两类银行的节能环保项目及服务贷款余额合计6306.08亿元，占节能环保项目及服务贷款的91%（见图3-4）。

① 资料来源：北京银监局。

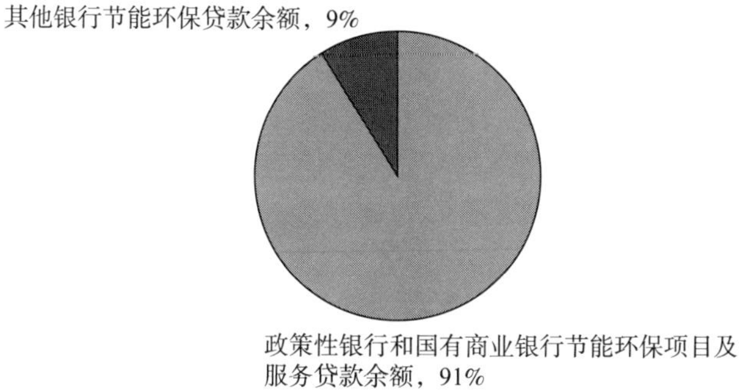

图 3－4 2016 年末北京按所有制划分的节能环保贷款余额占比

资料来源：笔者根据北京银监局提供数据绘制。

2. 战略新兴产业中，投向新能源和新能源汽车领域贷款增长迅速

2016 年末，北京辖内主要中资银行业金融机构投向战略新兴产业中绿色信贷领域的贷款余额 1369.77 亿元。其中投向新能源和新能源汽车领域的贷款余额 698.07 亿元，比年初增加 67.03 亿元，增长 16.30%（见图 3－5）。

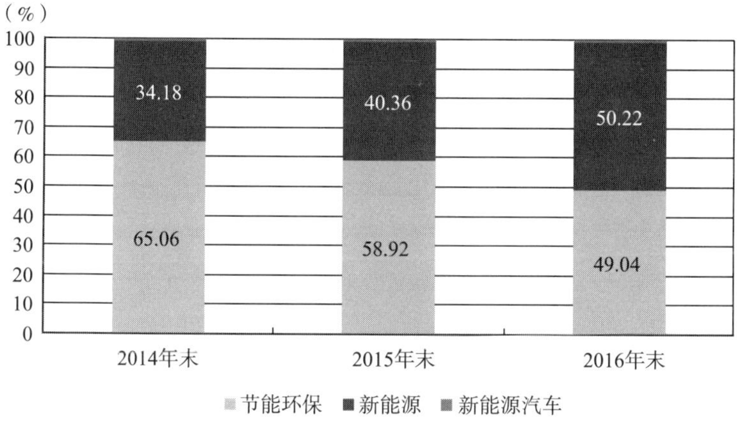

图 3－5 北京战略新兴产业的分类绿色信贷占比

资料来源：笔者根据北京银监局提供数据绘制。

二、北京绿色债券发展现状

2016年是我国绿色债券“爆发式”增长的一年。根据气候债券倡议组织统计，2016年，我国符合国内和国际绿色定义的绿色债券从几乎为零增长到2380亿元（约合362亿美元），占全球发行规模的39%①。从债券品种来看，以金融债为主，占发债总额的80%，发行主体集中在上海、北京、福州等城市。从北京来看，绿色债券的发行数量和规模均位居全国前列，具体情况分析如下：

（一）2016年北京绿色债券发展情况

1. 发行规模和数量居于全国前列

如表3－1和图3－6所示，2016年，北京发行绿色债券金额415.3亿元，发行总量位居上海和福建之后，排名全国第三，占比达到21%。从债券数量来看，北京发行的绿色债券数量最多，共有23只，远超国内其他省份。

表3－1　2016年全国主要地区发行绿色债券概况

发行地	发行规模（亿元）	债券数量（只）	全国占比（%）
上海	830	6	42
福建	500	3	25
北京	415.3	23	21

资料来源：笔者根据中国金融信息网绿色债券数据库整理制作。

2. 债券品种以公司债、企业债为主

绿色债券发行涵盖多个种类，包括企业债、公司债、金融债及债务融资工具等类别。从债券品种来看，2016年北京发行的绿色债券以公司债、企业债为主，发行规模分别为179.4亿元、135.9亿元，分别占比43%、33%；发行金融债规模70亿元，仅占17%（见表3－2和图3－7）。

① 气候债券倡议组织/中央国债登记结算有限责任公司：《中国绿色债券市场现状报告（2016）》，2007年。

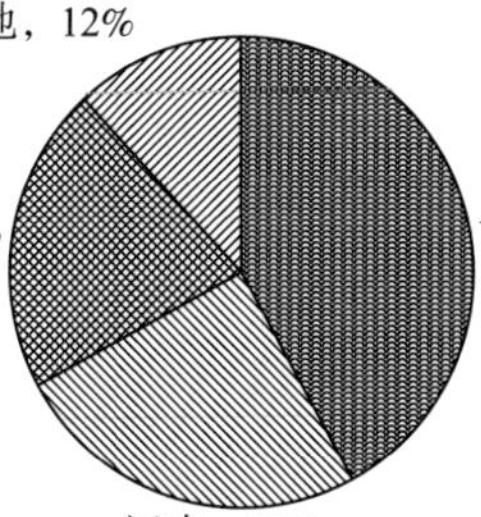

图 3 -6　2016 年全国主要地区发行绿色债券规模占比

资料来源：笔者根据中国金融信息网绿色债券数据库绘制。

表 3 -2　2016 年北京绿色债券的发行品种

债券类型	发行规模（亿元）	债券数量（只）	平均单只规模（亿元）
金融债	70	2	35
公司债	179.4	13	13.8
企业债	135.9	6	22.65
债务融资工具	30	2	15

资料来源：笔者根据中国金融信息网绿色债券数据库整理制作。

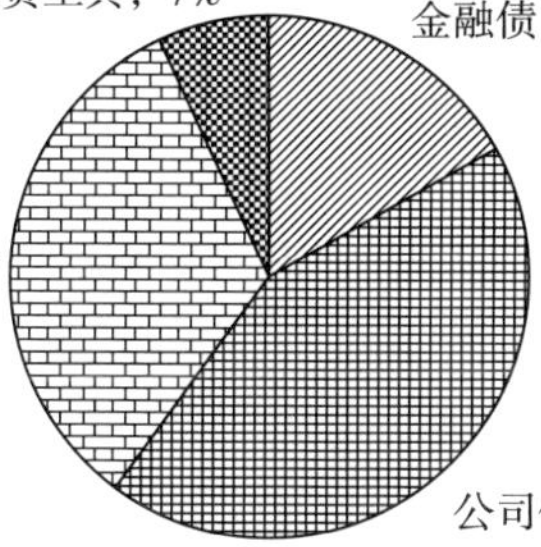

图 3 -7　2016 年北京绿色债券的发行品种占比

资料来源：笔者根据中国金融信息网绿色债券数据库绘制。

3. 募集资金用途中节能和清洁能源占比大

就募集资金用途而言，本书根据《绿色债券支持项目目录》[①] 对北京的项目

① 2015 年 12 月 22 日，中国金融学会绿色金融专业委员会发布《绿色债券支持项目目录》，共包含六大类，分别是节能、污染防治、资源节约与循环利用、清洁交通、清洁能源、生态保护和适应气候变化。

投放领域进行划分。2016 年，节能是北京发行绿色债券规模最多的领域，其次是清洁能源。北京已公布资金用途的绿色债券当中，未说明具体用途的占比为 16%（见图 3－8）。

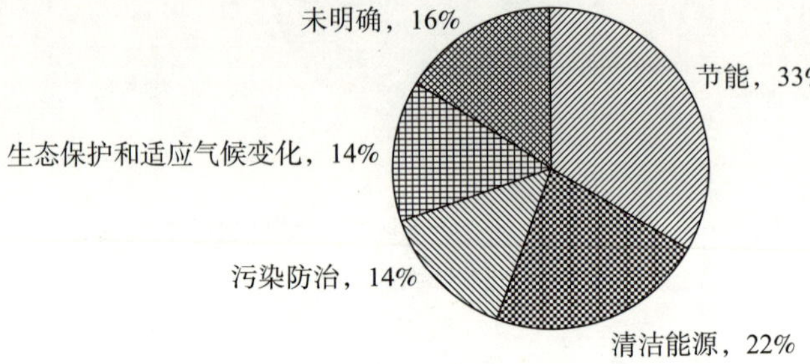

图 3－8　2016 年北京绿色债券募集资金用途占比

资料来源：笔者根据中国金融信息网绿色债券数据库绘制。

4. 债券评级以 AAA 级为主

2016 年，北京绿色债券信用评级总体较高，以 AAA 级为主，占比 76%（见图 3－9）。

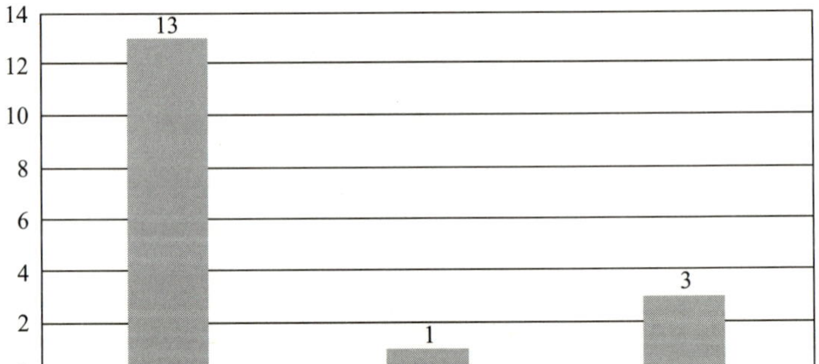

图 3－9　2016 年北京绿色债券信用评级状况

注：本书只对已公布信用评级的绿色债券情况进行统计。

资料来源：笔者根据中国金融信息网绿色债券数据库、Wind 数据库绘制。

（二）2017 年上半年北京绿色债券发展情况

与 2016 年相比，2017 年上半年北京绿色债券在发行规模、债券品种上有了较大变化。

1. 发行规模居全国首位

2017 年上半年，北京发行绿色债券 470. 7 亿元，共 13 只，发行总量为全国第一。同时，已经超过 2016 年全年北京的绿色债券发行规模（见图 3 – 10 和图 3 – 11）。

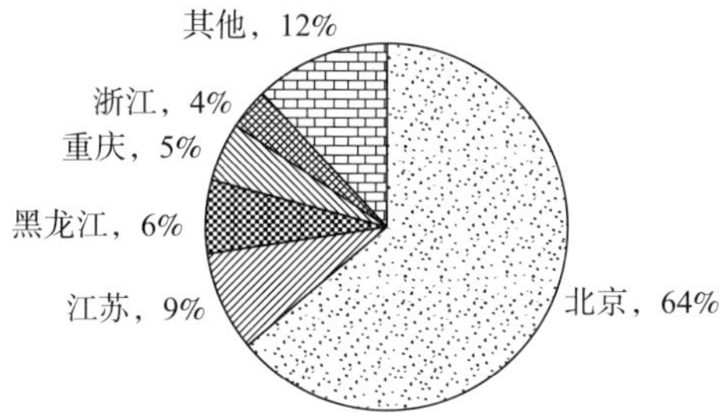

图 3 – 10　2017 年上半年北京绿色债券的全国占比

资料来源：笔者根据中国金融信息网绿色债券数据库绘制。

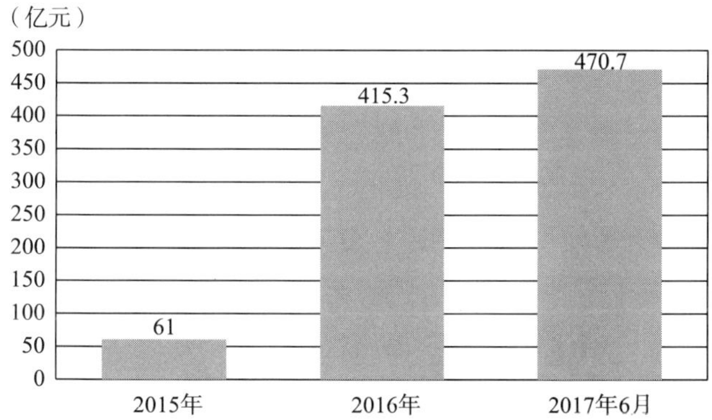

图 3 – 11　2015 ~ 2017 年北京绿色债券的发行规模

资料来源：笔者根据中国金融信息网绿色债券数据库绘制。

2. 债券品种以金融债为主

如表 3 – 3 和图 3 – 12 所示，2017 年上半年，北京发行的绿色债券以金融债为主，发行规模为 340 亿元，占比高达 72%。其中，2017 年 6 月 14 日，中国长江三峡集团公司发行 6. 5 亿欧元绿色欧元债券，这也是我国实体企业发行的首单绿色欧元债券。

表3-3　2017年上半年北京绿色债券的发行品种情况

债券类型	发行规模（亿元）	债券数量（只）	平均单只规模（亿元）
金融债	340	6	56.67
公司债	50	3	16.67
债务融资工具	30	2	15
绿色欧元债券	50	1	50

资料来源：笔者根据中国金融信息网绿色债券数据库整理制作。

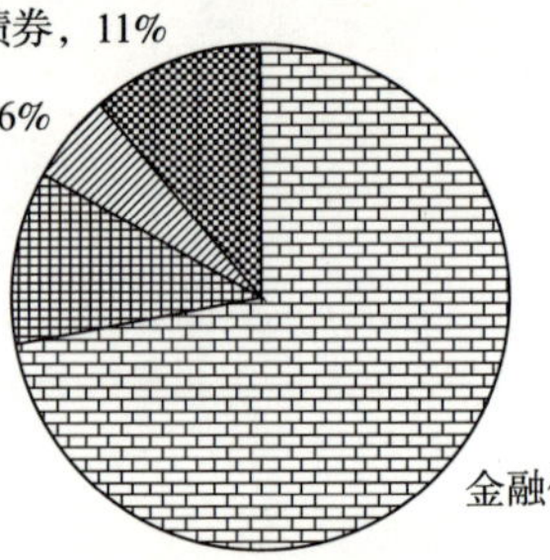

图3-12　2017年上半年北京绿色债券的发行品种占比

资料来源：笔者根据中国金融信息网绿色债券数据库绘制。

3. 募集资金用途依然主要面向节能、清洁能源、污染防治等领域，但未明确发行用途的占比进一步增加

2017年上半年，节能、清洁能源、污染防治等依然是北京发行绿色债券较多的领域。值得注意的是，北京已公布资金投向的绿色债券当中，用于清洁交通的发行量占比为零。未说明具体用途的占比进一步增加至55%（见图3-13）。

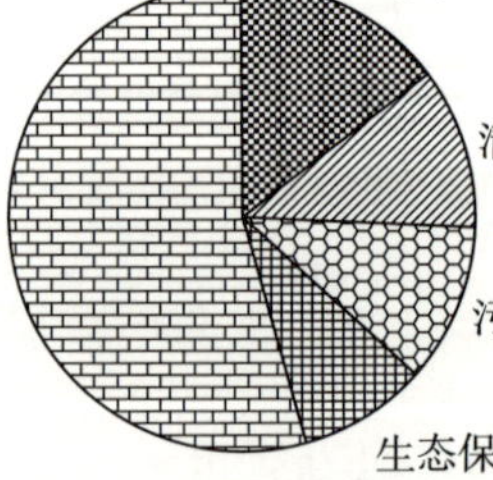

图3-13　2017年北京绿色债券募集资金用途

资料来源：笔者根据中国金融信息网绿色债券数据库绘制。

【专栏：海通证券绿色债券发行情况[①]】

海通证券股份有限公司（以下简称“海通证券”）成立于1988年，是国内最早成立的证券公司中唯一未被更名、注资的大型证券公司。公司前身是上海海通证券公司，于1994年改制并发展成为全国性的证券公司。2001年底，公司整体改制为股份有限公司。2002年，公司完成增资扩股，注册资本金增至87.34亿元，成为当时国内证券行业中资本规模最大的综合性证券公司。2005年，公司成功托管甘肃证券和兴安证券，实现低成本快速扩张，同年公司成为创新试点券商。海通证券A股于2007年在上海证券交易所挂牌上市并完成定向增发，H股于2012年在香港联合交易所挂牌上市，2015年完成H股定向增发，公司注册资本金增至115.02亿元。自2007年以来，公司总资产和净资产一直位居国内证券行业第二位。公司经纪业务基础雄厚，截至2016年底，在境内拥有337家营业部，逾856万零售客户和超过2万个机构客户及高净值客户，客户资产规模超2.3万亿元，经纪业务总交易量市场份额稳居市场前列。截至目前，海通证券已成功发行各品种绿色债券共17只，合计为绿色产业融资936.45亿元。其中：绿色金融债8只，发行规模870亿元；绿色企业债7只，发行规模62.7亿元；绿色公司债1只，发行规模3.75亿元。海通证券基于传统的城投债、产业债，近年来企业债券不断推出的专项债券及创新品种丰富了传统企业债券的发行范围及期限结构，也更适用于实体经济的需求。具体到实操层面，海通证券的业务主要聚焦于绿色企业债券、绿色资产支持证券、环保企业IPO三方面。2016年4月14日，由海通证券主承销的北京汽车股份有限公司“16京汽绿色债”，经国家发展改革委核准后公告发行。这是国内首只成功发行的绿色企业债券，同时也是首只H股上市公司发行的境内企业债券。该债券实现了绿色债券从制度框架到产品的落地，拓展了新的绿色融资渠道，在我国绿色金融体系建设中具有重要的里程碑意义。2016年4月21日，第一期北汽绿色债券拟募集资金总额为25亿元，期限“5+2”。其中，15亿元用于北京汽车股份有限公司株洲基地技改扩能建设项目，主要用于技术改造、扩大产能；10亿元用于补充营运资金。发行利率为3.45%，创下同时间窗口、同信用级别企业债券的最低发行利率。2017年7月3

① 本专栏内容根据海通证券在“2017年北京市绿色发展融资对接会”上的大会报告、公司网站以及相关新闻网页制作而成。

日，第二期北汽绿色债券拟募集资金总额为23亿元，期限“5+2”，发行利率为4.72%。其中10亿元用于北京汽车股份有限公司株洲基地技改扩能建设项目，主要用于技术改造、扩大产能；剩余13亿元用于补充营运资金。绿色资产支持证券项目涉及资产端和募集资金用途端的双向绿色认证，即基础资产和募集资金用途均为绿色产业。根据证券交易所审核要求，募集资金必须用于绿色项目，对资产端不做要求。但目前已发行成功的资产支持专项计划的资产端和募集资金用途端均为“绿色”。葛洲坝绿园绿色应收账款资产支持专项计划，2017年8月8日发行，海通证券牵头、国开证券联席，上海海通证券资产管理优先公司为计划管理人，发行规模12.5亿元，其中优先级A金额11亿元、利率6.2%、评级AA+，优先级B金额0.75亿元、利率6.8%、评级AA，劣后级1.25亿元、无利率和评级，期限全部为1年期。

环保企业IPO实操层面，截至2017年7月25日，与环保相关企业共有13家通过发审会，6家未通过，通过率为68.42%。另有1家暂缓表决，还有1家取消审核。同期，海通证券共承销环保相关企业4家，其中有3家通过发审会，分别为宁夏嘉泽新能源股份有限公司、安徽中环环保科技股份有限公司、亚士创能科技（上海）股份有限公司，海通证券环保企业IPO通过率为75%，高于行业平均水平。

三、北京绿色上市公司发展现状

绿色证券的发展不仅推动了绿色债券的发展，同时催生了一批绿色上市公司。鉴于行业分类定位不清楚、数据获取存在一定难度，本书将绿色上市公司的研究对象限定为环保类上市公司。

（一）北京绿色上市公司数量位列全国首位

如表3-4所示，截至2017年上半年，全国环保类绿色上市公司共计80家。北京、江苏、浙江、广东、福建等省市环保类绿色上市公司数量位居前列，五省市在全国占比接近60%，其余16省占比不足40%。其中，北京和江苏省并列第一，各占12家，占比为15%。

表 3－4 2017 年 6 月末绿色上市公司数量占比

地区	绿色上市公司数量（家）	占比（%）
北京	12	15.00
江苏省	12	15.00
浙江省	10	12.50
广东省	8	10.00
福建省	5	6.25
其他 16 省	33	41.25

资料来源：笔者根据长城国瑞证券研究所、Wind 数据库整理制作。

（二）北京绿色上市公司及主营行业占比

如表 3－5 和图 3－14 所示，北京环保类绿色上市公司共 12 家，具体包括烟气治理代表公司三聚环保（300072）、污水治理公司碧水源（300070）、固废处理公司中再资环（600217）、环境综合治理公司高能环境（603588）、环境监测类公司雪迪龙（002658）等。北京绿色上市公司的行业占比主要集中在污水治理和烟气治理领域，细分行业占比分别为 59%、30%。

表 3－5 北京绿色上市公司

序号	代码	名称	行业类别	总市值（亿元）①
1	SZ300072	三聚环保	烟气治理	555
2	SZ002573	清新环境	烟气治理	184
3	SZ300156	神雾环保	污水治理	244
4	SZ300055	万邦达	污水治理	146
5	SH603588	高能环境	环境治理	93.96
6	SZ002658	雪迪龙	环境监测	83.41

① 上市公司总市值为 2017 年 7 月 25 日收盘价。

续表

序号	代码	名称	行业类别	总市值（亿元）①
7	SZ300070	碧水源	污水治理	538
8	SZ300332	天壕环境	污水治理	71.32
9	SH600008	首创股份	污水治理	285
10	SH600217	中再资环	固废处理	91.45
11	SH603903	中持股份	污水治理	40.06
12	SH603603	博天环境	污水治理	161

资料来源：笔者根据长城国瑞证券研究所、Wind 数据库整理制作。

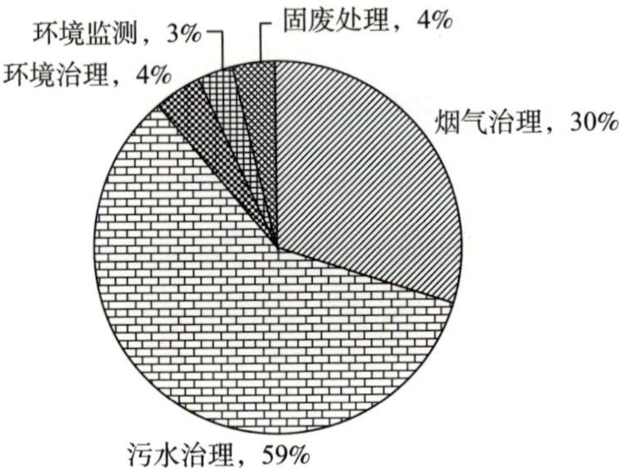

图 3-14　北京绿色上市公司的分类市值占比

资料来源：笔者根据长城国瑞证券研究所、Wind 数据库整理绘制。

四、北京绿色基金发展现状

绿色基金包括政府性绿色发展基金、绿色产业基金、绿色证券投资基金等多种类型基金。近年来，PPP 模式的绿色基金也成为政府支持绿色发展的主要形式

① 上市公司总市值为 2017 年 7 月 25 日收盘价。

之一。

（一）北京绿色基金发展概况

就政策性绿色基金而言，2015 年 11 月，《中共中央关于制定国民经济和社会发展第十三个五年规划的建议》提出设立绿色发展基金。2016 年 8 月，中国人民银行、财政部等七部委联合印发《关于构建绿色金融体系的指导意见》，明确提出“中央财政将整合现有节能环保等专项资金设立国家绿色发展基金，同时鼓励有条件的地方政府和社会资本共同发起区域性绿色发展基金”。同年 9 月召开的 G20 杭州峰会，首次将绿色金融列入 G20 议题，同时进一步明确了我国绿色金融发展的路径。在此背景下，北京市通用绿色发展生态环境基金①等相继设立。

就非政策性绿色基金而言，截至 2017 年 7 月末，北京市基金机构管理的绿色基金 62 只，基金规模达 257 亿元，主要是以环保、新能源等为主题，基金类型包括产业基金、证券投资基金、股权投资基金等。如图 3－15 所示，2015～2016 年北京绿色基金成立的数量呈“爆发式”增长。

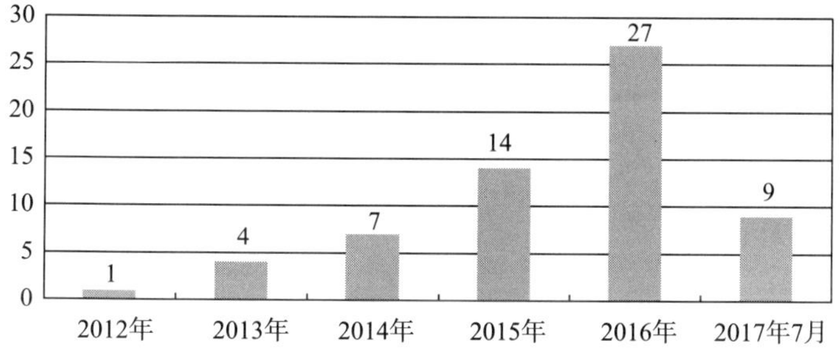

图 3－15 北京绿色基金备案家数

资料来源：笔者根据中国证券投资基金业协会数据绘制。

① 2016 年 11 月，中国通用咨询投资有限公司联合通用（北京）投资基金管理有限公司等单位共同发起设立。

【专栏：中关村并购母基金[1]】

中关村并购母基金（中关村资本 Z－Park Fund，以下简称母基金）成立于2016年10月，总规模300亿元，首期规模125亿元。未来3～5年，母基金预计将撬动和支持2000亿元人民币的投资并购规模，投向战略新兴产业、技术创新和产业结构调整，旨在大型科技创新型领先企业的战略并购。自母基金成立以来，秉持支持中关村上市公司绿色发展的原则，通过设立子基金等方式积极与有关中关村上市企业合作，主要投向互联网和移动互联网、云计算、定位导航与空间信息服务、集成电路设计、生物医药、新能源、新材料、节能环保等绿色方向。截至2017年6月30日，母基金已支持和储备多个项目，规模达30亿元，其中已经出资参与上市公司华胜天成的22亿元并购项目和神州优车100亿元产业基金。与华胜天成合作并购的泰凌微电子为绿色制造企业，在低功耗无线芯片、智能照明、智能家居等领域独树一帜。已经成立的神州优车基金为绿色交通概念基金，以“汽车共享、绿色出行”为发展理念，推动绿色健康的汽车消费文化，大量节约社会资源，推动低碳产业化发展。接下来，母基金将和延庆区政府、中美绿色基金和启迪科服发起设立一只规模100亿元的北京绿色发展基金。该基金将以延庆区承接的冬奥会和世园会两大国际盛会为抓手，为北京绿色金融体系的构建和发展提供坚实的支撑。

（二）北京绿色PPP发展状况

据中国金融学会绿色金融专业委员会不完全统计，截至目前，中央与地方两级政府都在积极探索成立PPP引导基金，包括财政部与国内10家大型金融机构共同发起设立1800亿元PPP融资支持基金，财政部与山东、山西、河南、江苏、四川、新疆等地都成立了不同规模的PPP引导基金[2]。

截至2017年6月30日，北京PPP项目库的入库项目94个，入库项目金额2567.33亿元。从行业数量分布来看，主要集中在市政工程、生态建设和环境保护、养老和水利建设等领域，分别为37个、14个、9个、8个（见图3－16）。

---

① 本专栏内容来源于中关村并购母基金在“2017年北京市绿色发展融资对接会”的大会报告以及相关网页新闻。

② 绿色基金撬动环保发展大格局，http：//news. hexun. com/2017－06－20/189715159. html。

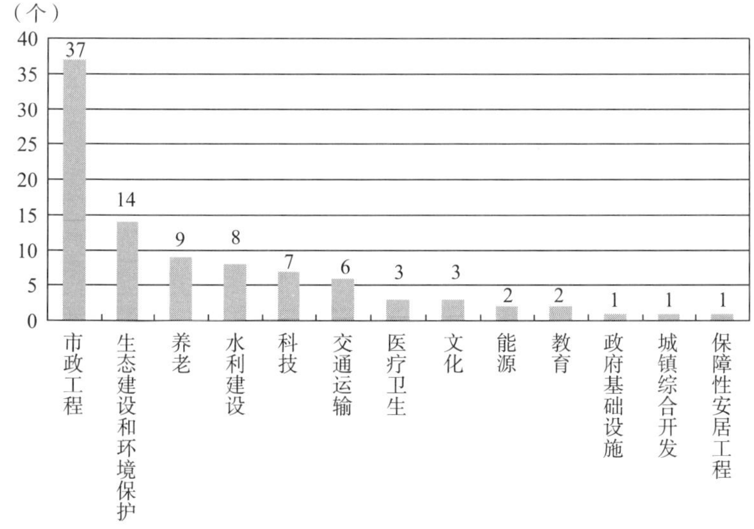

图3-16 北京PPP入库项目一级行业数量分布概况

资料来源：笔者根据政府和社会资本合作中心数据绘制。

目前，财政部共计公布三批PPP示范项目。北京市入围了第二批和第三批PPP示范项目，从一级行业构成来看，主要分布在交通运输、市政工程、生态建设和环境保护领域（见图3-17）。从二级行业来看，第二批PPP示范项目主要为高速公路、轨道交通和综合治理。第三批PPP示范项目在市政工程领域，从轨道交通拓展到供水、垃圾处理、供热等方面。

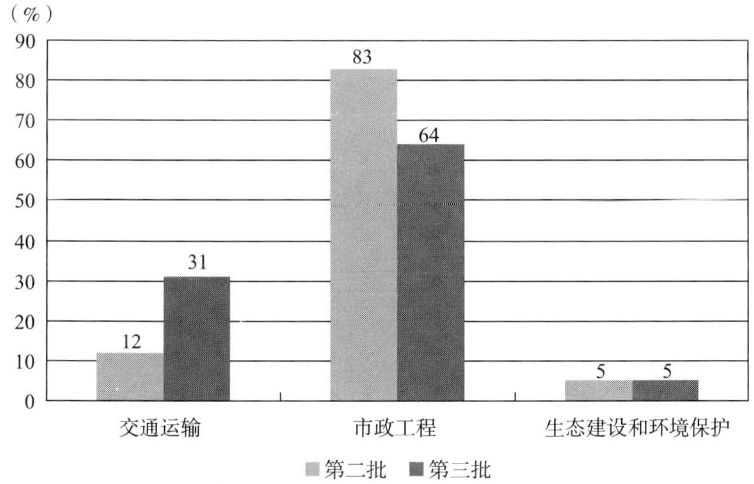

图3-17 北京PPP示范项目分类投资占比

资料来源：笔者根据政府和社会资本合作中心数据绘制。

五、北京碳金融发展现状

2013 年 11 月 28 日，北京成为我国第三个正式启动碳排放交易试点的省市。自开市以来，北京碳市场形成了相对完整的政策法规体系，并不断地完善碳交易机制，还开展了多种形式的碳金融产品创新。

（一）政策发展历程

1. 北京碳约束目标

2012 年，北京成为七个碳排放权交易试点之一，根据配额分配和核定方法确定配额总量。2014 年 11 月，我国承诺在 2030 年左右二氧化碳排放总量达到峰值。为发挥首都示范引领作用，2016 年 8 月 17 日，北京市人民政府办公厅发布《北京市“十三五”时期节能降耗及应对气候变化规划》，提出了到 2020 年全市能源消费、二氧化碳排放总量和强度的总体要求及具体目标。

2. 北京碳交易政策的演进

北京市碳市场注重顶层设计，建立了框架完整、保障有力的“1 +1 + N”法规政策体系。市人大发布了《关于北京市在严格控制碳排放总量前提下开展碳排放权交易试点工作的决定》，确立了碳排放总量控制、配额管理、碳排放权交易、碳排放报告和第三方核查 5 项基本制度。市政府发布了《北京市碳排放权交易管理办法（试行）》和《关于调整重点排放单位范围的通知》。市发展改革委会同有关部门制定了核查机构管理办法、交易规则及配套细则、场外交易实施细则、公开市场操作管理办法、配额核定方法等 20 项配套政策与技术支撑文件（见表 3 –6）。

表 3 –6　北京碳市场“1 +1 + N”顶层设计

1：人大立法	《北京市人民代表大会常务委员会关于北京市在严格控制碳排放总量前提下开展碳排放权交易试点工作的决定》（2013 年 12 月 27 日）
1：政府规章	《北京市碳排放权交易管理办法（试行）》（京政发〔2014〕14 号）《北京市人民政府关于调整《北京市碳排放权交易管理办法（试行）》重点排放单位范围的通知》（京政发〔2015〕65 号）

续表

N：配套文件	《北京市发展和改革委员会关于开展碳排放权交易试点工作的通知》（京发改规〔2013〕5号）
	《北京市碳排放权交易试点配额核定方法（试行）》（京发改规〔2013〕5号）
	《北京市碳排放权交易核查机构管理办法》（京发改规〔2013〕5号）
	《北京环境交易所碳排放权交易规则》及配套细则
	《北京市碳排放配额场外交易实施细则（试行）》（京发改规〔2013〕7号）
	《北京市碳排放权交易公开市场操作管理办法》
	《北京市发展和改革委员会关于规范碳排放权交易行政处罚自由裁量权的规定》（京发改规〔2014〕1号）
	《北京市碳排放权抵消管理办法（试行）》（京发改规〔2014〕6号）
	《北京市发展和改革委员会关于发布行业碳排放强度先进值的通知》（京发改〔2014〕905号）
	《北京市发展和改革委员会关于进一步开放碳排放权交易市场加强碳资产管理有关工作的通告》（京发改〔2014〕2656号）
	《北京市发展和改革委员会关于进一步做好碳排放权交易试点有关工作的通知》（京发改〔2014〕2794号）
	《北京市发展和改革委员会、河北省发展和改革委员会、承德市人民政府关于推进跨区域碳排放权交易试点有关事项的通知》（京发改〔2014〕2645号）
	《北京市发展和改革委员会承德市人民政府关于进一步做好京承跨区域碳排放权交易试点有关工作的通知》（京发改〔2015〕1248号）
	《北京市发展和改革委员会关于公布2015年北京市重点排放单位及报告单位名单的通知》（京发改〔2015〕1524号）
	《北京市发展和改革委员会关于对北京市2015年新增碳排放权交易核查机构、核查员备案结果进行公示的通知》（京发改〔2015〕1567号）
	《北京市发展和改革委员会关于发布北京市2015年碳排放第三方核查机构和核查员名单的通知》（京发改〔2015〕1704号）
	《北京市发展和改革委员会关于做好2016年碳排放权交易试点有关工作的通知》（京发改〔2015〕2866号）

续表

N：配套文件	《北京市发展和改革委员会关于印发〈节能低碳和循环经济行政处罚裁量基准（试行）〉的通知》（京发改规〔2016〕6号）
	《关于北京市2016年碳排放权交易有关事项补充的通知》（京发改〔2016〕133号）
	《关于发布北京市2016年碳排放第三方核查机构和核查员名单的通知》（京发改〔2016〕105号）
	《北京市发展和改革委员会关于公布碳市场扩容后2015年度新增重点排放单位名单的通知》，（京发改〔2016〕393号）
	《关于发布本市第三批行业碳排放强度先进值的通知》（京发改〔2016〕715号）
	《关于重点排放单位2016年度二氧化碳排放配额核定事项的通知》（京发改〔2016〕1639号）
	《北京市发展和改革委员会内蒙古自治区发展和改革委员会呼和浩特市人民政府鄂尔多斯市人民政府关于合作开展京蒙跨区域碳排放权交易有关事项的通知》（京发改〔2016〕395号）
	《关于责令2015年重点排放单位限期开展二氧化碳排放履约工作的通知》（京发改〔2016〕1017号）
	《关于做好2017年碳排放权交易试点有关工作的通知》（京发改〔2016〕2146号）

资料来源：北京环境交易所。

（二）北京碳市场试点成绩

目前，北京碳市场仍是以现货交易为主。区别于其他试点省市，北京市还把林业碳汇项目以及节能项目产生的减排量，作为控排单位的抵消交易产品。

1. 北京碳交易试点进展

机制设计：（1）立法情况。在机制设计方面，总体上以欧盟碳排放交易体系（EUETS）为蓝本，涵盖配额管理、奖惩政策、抵消机制、风险管理措施等制度，还专门通过市人大立法，形成了“1+1+N”的顶层设计体系。

（2）覆盖范围。北京第三产业机构在碳交易中占比逐年上升，截至2014年底已超过90%[①]。由于服务业业态呈现较强的“点散面广”特征，因此北京碳交

① 北京组织机构分析报告出炉第三产业机构占比超90%，http://bj.people.com.cn/n/2015/1019/c82837-26840712.html，转载自《北京日报》。

易的排放总量小、纳入门槛低，覆盖主体多为服务行业的组织单元。

（3）MRV[①]。北京确立了较为完善的核证报告体系，率先实行第三方核查机构和核查员双备案制度。

（4）履约及处罚。市人大《关于北京市在严格控制碳排放总量前提下开展碳排放权交易试点工作的决定》设立了罚则。市发展改革委制定了《关于规范碳排放权交易行政处罚自由裁量权的规定》，保障罚则实施的针对性和可操作性。根据其超出配额许可范围的碳排放量，按照市场均价的3~5倍予以处罚。

推进过程。（1）试点启动。2011年10月，国家发展改革委批准七省市开展碳排放权交易试点。2013年11月，北京碳排放权交易市场正式开始交易。2017年12月19日，我国开始启动全国碳排放交易市场建设，全国统一碳市场落在上海。对北京而言，下一步首先要考虑自身定位问题，其次还需大力参与到全国碳排放权交易体系的推进和建设工作中。

（2）履约成效。北京严格开展碳交易专项执法，切实维护碳交易法规严肃性，在首个履约年度对未按规定履约的10余家单位罚款约700万元，并曝光个别不履约的典型案例。在各方共同努力下，2013年415家重点排放单位履约率超过97%，2014年543家重点排放单位主动履约率达到100%。

（3）市场扩容。2016年年底开始，北京对重点排放单位设置配额调整门槛，将纳入碳交易市场的门槛降为5000吨，由此新增了约500个重点排放单位[②]。除此之外，北京市还进行跨区交易。2014年12月，与河北省承德市启动京冀跨区域碳排放权交易试点。2016年3月，与内蒙古自治区呼和浩特市政府和鄂尔多斯市政府联合开展京蒙跨区域碳排放权交易。

交易规则。（1）交易产品。北京碳市场的交易产品包括四部分，分别是本地碳配额、CCER、林业碳汇项目以及节能项目产生的减排量。

（2）参与主体。北京纳入碳排放权交易体系的行业覆盖范围广、类型多，不仅覆盖了电力、热力、水泥、石化、其他工业、服务业6大行业，还包括高校、医院、政府机关等公共机构。中央在京单位、外资企业或合资企业也占有较大比重，并对金融投资机构开放。此外，北京开放个人参与的门槛最高，需个人拥有100万元以上的金融资产。

---

① MRV：监测、报告、核证。

② 北京市发展和改革委员会关于做好2016年碳排放权交易试点有关工作的通知，http://www.bjpc.gov.cn/zwxx/tztg/201512/t9811928.htm。

（3）交易方式。北京碳市场的交易方式分为线上公开交易和线下协议转让两大类。申报的公开交易方式分为整体竞价交易、部分竞价交易和定价交易三种方式。其中，单笔配额申报数量 1 万吨及以上的大宗交易必须采取协议转让方式。

（4）市场调控措施。一是拍卖，是指市发展改革委以公开竞价的方式出售碳排放配额。当配额的日加权平均价格连续 10 个交易日高于 150 元/吨时，市发展改革委可组织临时拍卖。二是回购，是指市发展改革委在配额市场价格过低时利用本市相关财政专项资金购买碳排放配额。配额日加权平均价格连续 10 个交易日低于 20 元/吨时，市发展改革委可组织配额回购。

2. 北京碳市场交易情况

自 2013 年 11 月 28 日开市至 2016 年 12 月 31 日，北京碳市场累计成交配额 1259 万吨，交易额 4.74 亿元。其中线上公开成交 479 万吨，交易额 2.43 亿元；线下协议转让成交 780 万吨，交易额 2.31 亿元。

截至 2016 年 12 月 31 日，北京碳市场累计申请开户逾 900 家，其中履约机构占绝大多数。2016 年 1 月 1 日至 12 月 31 日期间的 BEA 线上公开交易中，共有近 500 家机构和自然人参与过交易。

全国七个碳交易试点纳入了近 2500 家排放企业，主要集中在电力、水泥、钢铁、化工、建筑等“三高”行业，已经开始取得初步成效。以北京为例，2013 年重点排放单位碳排放总量同比下降了 4.5% 左右，万元 GDP 碳强度同比下降了 6.69%，超额完成了 2.5% 的年度目标；2014 年重点排放单位碳排放总量同比更是降低了 5.96%，减排量达 365.5 万吨①。

根据世界银行的预测，2017 年全球碳市场将覆盖全球约 360 亿吨碳排放总量的 18.36%，共 66 亿吨，而当年正式启动的中国全国统一碳市场将贡献其中一半以上的覆盖量为 30 亿～40 亿吨②。北京是碳交易产业链最完善的地区，拥有金融机构、碳资产管理公司、大型央企总部以及全国碳市场的设计团队，未来在碳金融市场上有很大发展前景。

3. 北京碳市场抵消情况

通过将 CCER 项目纳入抵消机制，为北京创造了预期稳定的规模化需求。截

① 北京发展和改革委员会：《北京 2014 年应对气候变化和低碳发展报告》，《首都之窗》2015 年。

② 全国碳市场排放量涉及 30 亿～40 亿吨，http：//finance.huanqiu.com/roll/2015－02/5630071.html。

至2016年7月，国家发展改革委审核通过了北京环境交易所等9家交易平台作为我国的温室气体自愿减排交易机构。截至2016年6月30日，七省市碳交易市场共成交CCER减排量超过6300万吨。其中，北京碳市场累计成交量为798.93万吨，占七省市总量近13%，累计成交额5390.86万元，成交均价6.75元/吨①。

除CCER外，北京市场还允许林业碳汇及节能量项目减排量作为抵消产品参与到碳交易中，截至2016年6月30日，北京碳市场林业碳汇累计成交量为7.26万吨，累计成交额为265.54万元，成交均价36.6元/吨②。

2016年，北京碳市场共计挂牌三个林业碳汇项目，分别是北京顺义区碳汇造林一期项目、承德市丰宁县千松坝林场碳汇造林一期项目和北京房山区平原造林碳汇项目。其中，房山区平原造林项目全年成交林业碳汇项目减排量共2530吨③。

4. 北京碳市场“八个率先”

北京碳交易试点实践可以概括为“八个率先”：率先实行第三方核查机构和核查员双备案制度；率先对新增固定资产投资项目实行碳排放评价工作；率先出台抵销管理办法，并对碳汇和节能量兼容；率先出台公开市场操作管理办法；率先开展跨区交易；率先发布42个行业碳排放强度先进值；率先开展碳排放管理体系建设；率先开展碳排放交易执法④。

（三）北京碳金融产品创新

碳金融工具包括交易工具、融资工具和支持工具三类。其中，交易工具包含碳期货、碳远期、碳掉期、碳期权等，融资工具包含碳质押、碳回购、碳托管等，支持工具包含碳指数和碳保险等。北京自成为碳交易试点省市以来，已经开展了多种形式的碳金融产品创新。部分碳金融产品自推出以来，如表3-7所示，已经有一些典型创新案例，而像碳配额远期等碳交易工具还未能得到较好的应用。

---

①②④ 资料来源：北京环境交易所。

③ 这是经市发展改革委预签发的项目第一个监测期（2013年4月1日至2015年12月31日）内的碳减排量。

表 3-7　北京碳金融产品创新

产品	合作机构	时间	规模	备注
碳配额回购	中信证券、华远意通	2014 年 12 月 30 日	1330 万元	国内首笔碳配额回购融资，开创企业融资新渠道
碳资产质押授信	建设银行	2015 年 8 月	—	四大行首次接受碳资产作为抵押品
碳配额场外掉期	中信证券、京能源创	2015 年 6 月 15 日	1 万吨	首个碳衍生交易产品，交易方式重大创新
碳配额场外期权	招银国金、京能源创	2016 年 6 月 16 日	2 万吨	碳金融领域的重要创新
碳配额结构化产品	华璟碳资产、太铭基业	2016 年 6 月 16 日	6 万吨	国内首单碳配额结构化产品
中碳指数	北京绿色金融协会	2014 年 6 月 9 日	—	—

资料来源：笔者根据北京环境交易所资料整理制作。

第四章 北京绿色金融发展存在的问题

内容提要： 作为一个新生事物，北京绿色金融的发展整体上还处于起步阶段，发展得很不充分、不完善。主要表现在："绿色"的标准及目录有待进一步细化和完善，金融机构参与不足、市场热度不够，相关金融产品存在一定的缺陷，缺乏相应的财政贴息和税收优惠政策支持，基础设施建设不足，执法和监管体系存在明显漏洞等。

近年来，北京市政府加大了在支持环境改善、应对气候变化和资源节约高效利用方面的投入，有关机构也在绿色信贷、绿色债券等产品方面进行了一定的创新，绿色金融的发展取得了多方面的显著成绩。但作为一个新生事物，北京绿色金融的发展整体上还处于起步阶段，无论是在绿色金融产品的创新、机构参与度方面，还是绿色金融基础设施建设、政策支持、法律监管体系建设等方面均存在不平衡、不充分的问题。

一、"绿色"标准及目录有待进一步细化和完善

学术界目前对绿色金融的定义分为广义和狭义两类。广义的绿色金融定义强调建立一种可持续发展的金融系统，来实现经济转型、经济增长和经济稳定。狭义的绿色金融定义侧重于区分哪种金融工具是否绿色，用环境评估原理、生命周期影响等来解决行业和技术问题。两种定义的目的和侧重点有很大的不同：广义的定义确定金融系统在可持续性方面的整体目标，并提出测量其有效性的方法。

根据金融系统的目标设定融资标准，对环境风险有效且高效地进行资本分配，侧重点在于整个金融系统和宏观经济稳定。狭义的定义确定特定金融资产有多大比例是绿色的，侧重点在于评估环境状况，确定绿色金融支持的重点行业、重点技术等。

虽然中国人民银行等七部委发布的《关于构建绿色金融体系的指导意见》对绿色金融已有比较明确的定义，但在实际业务中缺乏标准目录。从北京市实践来看，开展绿色金融业务缺少明确的具体企业、业务种类名录或标准作为判断“绿色”的依据。比如绿色债券，现阶段没有具体标准判断某一债券是否属于“绿色”范畴。缺少明确定义和判断依据，在一定程度上阻碍了北京的绿色金融发展。在国家政策框架下，北京市需要针对绿色金融发展给出更加具体的标准及目录，以便企业、金融机构、地方政府、个人等参与主体更好地开展绿色金融业务。

二、金融机构参与不足，市场热度不够

目前，金融机构尚没有广泛参与绿色金融或者参与深度不足。兴业银行是国内较早进入绿色金融领域的银行，目前，浦发银行、光大银行、北京银行等推出的绿色金融产品种类比较丰富，但国有四大银行及一些地方银行并未广泛参与，在一定程度上限制了绿色金融产品的供给和受众范围。目前，我国绿色金融整体发展水平较低，金融主管部门的政策目标也主要集中在限制“两高一资”（高耗能、高污染和资源性产品）和促进节能减排等短期目标的实现上，没有建立起与绿色金融相配套的制度体系，缺乏相应的约束和激励机制。金融机构尚未将绿色金融业务全面纳入其业务经营中。在碳排放权交易市场上，参与者通常是有需求的排放企业、部分绿色信贷项目涉及的银行和个人投资者。广大的证券公司、担保机构等非银金融机构尚未成为参与主体，碳排放权交易市场的流动性差，价格发现功能的实现机制不理想，也无法形成一个有深度、有广度的绿色金融市场重要原因。

另外，由于信息不对称，导致金融机构的参与意愿降低。绿色金融涉及多个领域、学科，不仅包含金融，还涉及环保、节能、清洁能源、绿色交通、绿色建

筑等专业领域。由于环保机构和金融机构获取信息的渠道不同，所持有的企业信息无论是在数量方面还是在结构方面都不尽相同，对信息的分析处理结果势必存在一定差异，从而导致对企业的环境保护状况难以做到实时、全面、统一的记录。北京市尚未建立一个能够让金融机构与环保部门可以方便顺利地进行信息沟通的平台，以至于很多信息得不到快速有效的传送和处理，使金融机构不愿去承担信息不对称的风险，加之绿色金融收益并不高，金融机构普遍缺乏对绿色金融的参与积极性。

三、相关金融产品存在一定缺陷

从绿色金融体系内部来看，具体的绿色金融产业包括绿色信贷、绿色证券（包含绿色债券）、绿色基金、绿色保险和碳金融等。其中绿色信贷和绿色债券由于北京起步早，与其他绿色金融领域相比，发展相对较好，对绿色产业有一定的金融支持。但绿色证券、绿色基金、绿色保险和碳金融等，发展相对较弱，市场建设尚不充分，有待进一步提高。

从产品来看，绿色金融产品种类较为有限，以银行信贷为主，其覆盖范围较窄。

从绿色信贷来看，需要为节能降耗融资的企业多为中小企业，资金实力普遍较弱、缺乏有效担保，商业银行需要承受的信贷风险高于普通信贷项目，致使商业银行贷款投放积极性不足。同时，由于绿色金融涉及专业技术领域十分复杂，技术的快速更新对商业银行信贷风险评估提出了更高的要求，但现阶段商业银行对绿色信贷技术的储备明显不足。

从绿色证券来看，上市公司的信息披露机制不完善。由于缺乏强制性要求和统一标准，目前上市公司对环境信息的披露主要还是依赖企业的主动性和自愿性，信息披露内容不规范、不全面，缺乏关于企业主要污染物排放情况、污染物治理措施及效果、环保负债及收益等公众关心的重要信息。同时，北京市目前还没有成立独立的绿色认证机构，绿色债券的发行缺乏权威的第三方认证。

从绿色保险来看，产品供需不平衡。我国目前有保险公司 52 家，开展绿色保险业务的保险公司只有11家[①]，供需发展不平衡。绿色保险品种单一，目前保险公司开发的环境责任污染险主要针对船舶、石油钻井和天然气勘探开发等造成的污染事件，属于现有法律规定必须参保的污染保险项目，而对于水污染、噪声污染、核辐射污染等并没有相应产品投放市场。

四、缺乏相应的财政贴息和税收优惠政策支持

目前，缺乏财政贴息支持也是制约绿色金融发展的一大“瓶颈”。财政贴息政策是有力支持绿色金融发展的重要手段。在贴息的过程中，财政资金并不直接由政府付给企业，而是支付给提供贷款的银行。由于绿色贷款客户普遍规模较小，回收周期较长，银行贷款的风险点较多，银行绿色金融产品对财政贴息有很大的需求。政府部门应当充分利用这种“四两拨千斤”的政策，高效、廉洁地支持绿色金融的发展，让北京的天更蓝、地更绿、水更清。

绿色金融缺乏税收优惠方面的政策支持。虽然大的税收政策由国家层面制定，但北京方面也缺乏一些针对绿色金融等涉绿业务方面的税收优惠和支持，在税金和费用等的减免细则、抵扣办法、缴纳便捷措施、企业低碳行为税收鼓励等方面的优惠政策基本没有。

五、基础设施建设不足

北京市缺乏具有全国影响力的绿色金融交易所。一个地区要想在金融方面取得突破性发展，离不开全国性交易所的建设和发展。从绿色金融来说，碳排放权的价格决定了企业需要付出的污染成本，因此，碳排放权的交易是绿色金融中最重要的交易要素。目前全国已有7个城市作为碳排放权交易试点城市，建立了地方性的碳排放权交易所。2017年12月19日，我国开始启动全国碳排放交易市场

① 苗娜娜：《我国绿色保险发展的现状》。

建设，全国统一碳市场落在上海。北京应积极参与全国性统一的碳排放权市场建设与交易，致力于提高碳市场的流动性，制定长期可持续的政策（包括配额分配方法、核算方法、交易制度、管理制度等），鼓励企业积极参与碳市场，形成碳资产管理的理念，从成本和合规两方面进行有效管理，履行低碳减排义务。

绿色金融信用体系建设有待加强。金融机构非常需要一个互联互通的平台，用以查询企业环保、污染处罚等相关方面的信用信息。目前北京针对企业排污、高消耗、高污染等不良行为的信用体系尚不完善，银监局和银行金融机构虽然可以从环保部门查到企业违规排污方面的记录，但相关记录时间滞后且缺乏对企业后续整改情况的跟踪。此外，环保部门、金融监管部门、税务部门、金融工作部门之间的信息互联互通很不够。

六、执法和监管体系存在明显漏洞

当前，有关部门出台了多部关于环境保护的法律法规，已初步形成了比较完整的环境保护法律体系。但现有体制机制存在着相当程度的机构重复和职责交叉，相关部门职责边界不够明晰。职责边界不明导致具体实施过程中相关规定被不断弱化，执行和监管不力。地方片面地追求经济增长的需要，客观上降低了环境保护的执法标准，难以对破坏环境的行为形成强有力的外部约束，使绿色项目的正外部性和污染投资的负外部性难以显性化，客观上制约了绿色金融的发展。就北京市来说，由于环保领域存在的执法不严等问题，难以有效引导绿色金融资源充分流向环保产业。

信息披露机制存在缺陷，主要体现在以下几方面：政府产业政策制定部门、环境管理部门、金融监管部门与金融机构之间缺乏高效的会商机制。银行关于绿色信贷的披露信息缺乏一致、清晰的口径，导致数据可比性不强。上市公司关于主要污染物排放情况、治理措施及效果等重要信息的披露也不足，且仅针对 IPO 环节。排放权市场在监测、报告和核证体系等方面的制度尚未建立，市场体制尚不完善，排放权交易制度的设计能力有待加强。

第五章　国际绿色金融发展情况及经验借鉴

内容提要：国际上美国、英国、德国等国家绿色金融起步较早，发展得较好。主要是绿色金融理念得到推广，绿色政策性银行的作用得到较好发挥，绿色金融产品和交易市场创新丰富，绿色金融法律法规相对完善等。国际绿色金融发展面临的挑战主要是环境外部性、期限错配和信息不对称。发展的趋势是绿色金融政策体系完善化、绿色金融工具及产品多元化、绿色资本参与的广泛化、环境外部成本内生化、环境信息披露公开化、绿色知识共享化和国际协作密切化。我们要清醒地应对挑战，借鉴经验，进而促进我国绿色金融健康发展。

随着绿色发展理念逐渐深入人心，支持绿色发展的金融供给提上日程，绿色金融应运而生。2016 年 9 月在中国杭州召开的 G20（二十国集团）峰会将绿色金融列为重要议题，绿色金融发展正式纳入中国政府视野。党的十九大报告进一步提出“构建市场导向的绿色技术创新体系，发展绿色金融”。目前，我国绿色金融的发展已开始起步，急需开展绿色金融发展研究与业务创新，以缩小与发达国家之间的差距或比他们做得更好。为促进我国绿色金融发展，本书研究了美国、英国和德国等发达国家在绿色金融方面的理论和实践，在此基础上，总结提出当前国际绿色金融发展面临的挑战以及可供借鉴的经验等。

一、国际绿色金融发展概况

（一）绿色金融产生的背景

绿色金融的产生与发展具有一定的经济、政治和社会背景。1987 年，世界环境与发展委员会提出《我们共同的未来》报告，为世界各国的环境政策和发展战略提出了“持续发展”原则。随着可持续理念的逐步深入，绿色变革悄然渗透到金融理论与实践中，成为金融活动的重要组成部分。

1988 年，一家由市民直接投资、经营管理，以保护生态为主要目的的银行在德意志联邦共和国金融中心法兰克福成立。该银行主要经营自然和环境保护信贷业务，被称为生态银行或绿色银行。“绿色金融”的含义最初就来源于生态银行。①

1992 年，联合国环境与发展大会又颁布了《里约环境与发展宣言》《21 世纪议程》等文件，标志着可持续发展从理论走向实践。

1994 年 3 月，中国政府为履行在联合国环境与发展大会上的承诺，通过了《中国 21 世纪议程》，要求在社会生产和生活中的各方面贯彻落实可持续发展战略。随着可持续发展战略在各个领域的贯彻落实，绿色观念逐渐被人们认可。中共十八届五中全会首次系统论述了“创新、协调、绿色、开放、共享”五大发展理念，强调实现创新发展、协调发展、绿色发展、开放发展、共享发展。自此，绿色发展被赋予了新的时代内涵。而绿色金融作为一种市场化的制度安排，在促进绿色发展过程中必将起到十分重要的作用。

（二）对绿色金融的理解

绿色金融又称为“环境金融”（Environmental Finance）或“可持续性融资”

① 赵静：《实施绿色金融措施保护环境概论——以英国绿色金融项目为例》，《法制与社会》2009 年第 2 期。

(Sustainable Financing)。参考绿色经济①的概念，绿色金融可以表述为以市场为导向，以传统产业金融为基础，以金融、环境和谐为目的而发展起来的一种新的金融形式，是金融为适应人类环保与健康需要而产生并表现出来的一种发展状态。从金融活动的过程来看，它与传统金融一脉相承，但更强调维护人类社会的长远利益，把经济发展和环境保护协调起来，减轻传统金融业的负面效应，促进经济健康有序发展。

绿色金融包含以下两层含义：一是指金融业如何促进环保和经济社会的可持续发展；二是指金融业如何实现自身的可持续发展。前者指出“绿色金融”的作用主要是引导资金流向节约资源、技术开发和生态环境保护产业，引导企业生产注重绿色环保，引导消费者形成绿色消费理念；后者则明确金融业要保持可持续发展，避免为了短期利益的过度投机行为。绿色金融作为绿色革命的重要组成部分，也是绿色经济的核心，它的提出与发展必将给绿色发展提供有力的金融支持，给全球经济向生态经济的转化带来深远影响。

（三）绿色金融的发展成果

1. 绿色金融理念的推广

国际主要发达国家十分重视培养人们的绿色环保意识，要求企业绿色经营，倡导居民绿色消费，同时强调发挥金融机构在培育绿色环保意识、倡导绿色消费中的引导作用。②

金融机构作为绿色金融发展的主要参与者，已经开始大刀阔斧地支持可持续发展。赤道原则是引导和促进企业承担保护环境社会责任的重要准则。2003 年，花旗银行、巴克莱银行等分属 7 个国家的 10 家国际银行在伦敦签署了著名的“赤道原则”，即实行该原则的银行要在原有项目审批流程中嵌入“环境与社会风险审查”部分，从而在项目融资业务中充分考虑到社会和环境影响问题。③ 截至 2015 年 9 月，全球采纳赤道原则的金融机构已达 81 个，分布于 36 个国家或地区。目前发达国家的金融机构普遍采纳赤道原则，经过赤道原则发放的贷款不

---

① 英国经济学家皮尔斯 1989 年出版的《绿色经济蓝皮书》提出“绿色经济”的概念。绿色经济是以市场为导向，以传统产业经济为基础，以经济、环境和谐为目的而发展起来的一种新的经济形式，是产业经济为适应人类环保与健康需要而产生并表现出来的一种发展状态。

② 杨海珍：《可持续金融的国际实践》，《全球瞭望》2014 年第 24 期。

③ 方桂荣：《赤道原则：金融机构履行环境责任的国际标准》，《河南牧业经济学院学报》2016 年第 6 期。

断上升，融资额已占到全球项目融资总额的 65% 以上。①

此外，金融机构通过附加贷款条件引导绿色消费。澳大利亚 MECU 银行推出特色汽车贷款，贷款者要获得贷款就必须种树帮助吸收汽车排放的尾气。英国巴克莱银行则通过信用卡业务对绿色消费的居民实施各种优惠政策，消费者绿色出行、购买相关绿色产品都能够得到优惠（用于刺激绿色消费的优惠资金将占到该项业务利润的 50%）。从成效来看，在国家金融机构加大政策资金投入的同时，社会绿色环保责任意识得到强化，消费者对绿色产品认可度不断地提高，绿色金融资金供给与企业绿色经营收益增加形成了良性循环。②

2016 年 11 月《巴黎气候变化协定》正式生效。《巴黎协定》作为国际社会应对气候变化谈判取得的最新成果，是继《联合国气候变化框架公约》（1992 年）、《京都议定书》（1997 年）之后，人类历史上应对气候变化的第三个国际法律文本，已经成为具有历史意义的里程碑式的存在。协定形成了 2020 年后的全球气候治理新格局，目标是将全球气温升高的幅度控制在 2℃以内，把人类带向低碳、安全、健康的世界。全球应对气候变化新协议的诞生标志着低碳时代正式开启，同时也等同于宣告了工业革命后依赖化石燃料带来经济增长时代的终结。积极开发可再生能源，实现低碳经济转型成为历史的必然选择，全球共同倡导绿色发展，低碳经济转型成为人类共识，并迎来前所未有的黄金发展时期。

2016 年 9 月在中国杭州召开的 G20（二十国集团）峰会举行了以绿色为主题的会议，并将绿色金融列为重要议题，支持全球经济向绿色低碳转型。G20 峰会之后，以“绿色金融：从起步到革命”为主题的国际研讨会于 2016 年 10 月在美国华盛顿成功举办。2017 年 1 月，G20 绿色金融研究小组在德国法兰克福举行了会议，目前，G20 绿色金融研究小组正在采取措施，对更多国家和地区的金融机构和机构投资者开展绿色金融培训。③

2. 绿色政策性银行的支持

早期的可持续性金融支持主要来源于政府公共部门资金，后来，许多国家的政策性银行通过优惠贷款贴息或信贷担保的方式为清洁能源、低碳交通、绿色建筑、工业污染治理等可绿色项目投资提供资金支持。

① 赵俊民、孙曦：《国际金融公司在赤道原则出现过程中的作用分析》，《金融理论与实践》2011 年第 1 期。

② 张春霞：《绿色经济发展研究》，中国林业出版社 2002 年版。

③ 李萍：《浅析德国低碳经济转型对中国绿色发展的启示——从财政和金融的视角》，《学术论坛》2016 年第 10 期。

支持绿色发展的政策性银行发源于德国。成立于1948年的德国复兴信贷银行最初是为第二次世界大战后联邦德国的重建提供资金的，后逐渐开始为德国企业提供长期贷款，近20年来倾向于为环保节能和新能源等领域提供绿色贷款。2012年成立的英国绿色投资银行旨在解决绿色基础设施项目融资的市场失灵问题，基于符合风险管理要求、调动私营部门资金和产生绿色影响三个准则对投资项目进行评估。中国国家开发银行是世界上绿色项目最大的贷款方之一，截至2015年底，其绿色信贷项目贷款余额超过1.57万亿元，且贷款不良率低于全行平均水平。①

除政策性银行外，公共部门也通过建立环保产业基金，向新创立的、风险较大的绿色环保企业提供股权类投资。由于环保项目投资周期长且收益相对低，资金来源主要为政府财政投资，但很难解决目前大量无抵押、无担保、高风险且中低等收入的环保项目和环保企业的资金需求。因而，引导社会资本流向环保产业是可持续发展的必由之路。②

3. 绿色金融产品和交易市场的创新

国际发达国家通过绿色金融产品和产权交易市场创新为绿色金融资金寻求出路。

一是不断地丰富绿色金融产品。目前，发达国家的绿色金融产品创新包括绿色信贷、绿色保险、绿色证券等，涉及生产和消费各个环节。在绿色信贷方面，为支持绿色技术研发，各国的贷款门槛不断降低，其中美国银行创新了支持节油技术发展的无抵押兼优惠贷款。在绿色证券方面，欧洲投资银行在2007年创新发行了首只绿色债券，并通过担保方式创新提高信用级别（至今，欧洲投资银行仍是绿色债券市场的主要发行人）。在绿色保险方面，1988年美国成立了专业的环境保护保险公司，之后在强制保险方式、个性化的保险设计、政府担保上不断创新。在绿色消费方面，荷兰银行将绿色消费金融产品扩展到建筑领域，并向家庭提供房屋节能减排的绿色抵押贷款。

二是加强绿色产品产权交易市场创新建设。美国成立了芝加哥气候交易所（CCX），欧盟建立了排放交易体系（EUETS），澳大利亚创立了新南威尔士交易体系等，这些交易市场在促进减排者获益和超排者支出方面发挥了重要作用。此外，与碳交易有关的期货、期权等金融产品，为发达国家绿色金融资金提供了丰

① 蔡林海：《低碳经济——绿色革命与全球创新竞争大格局》，经济科学版社2009年版。

② 徐清：《国际绿色金融发展经验的借鉴意义》，《福建日报》2017年5月16日第19版。

富的投资渠道，使绿色金融资金供给与需求形成相互促进的良性循环。

4. 绿色金融法律法规的完善

完善的法律法规能够规范绿色金融市场参与主体的行为，有利于市场监管，维护公平公正的市场竞争秩序。发达国家除了在社会责任上强调绿色环保之外，更将绿色环保责任写入相关环境法律，并制定相应的绿色金融法规，保证环境保护与绿色金融有法可依，相关信息充分共享。20 世纪 70 年代至今美国不断完善环境保护法，联邦政府相继出台了《环境质量改善法》（1970 年）、《美国环境教育法》（1970 年）、《清洁空气法》（1970 年）、《清洁水法》（1972 年）、《超级基金法》（1980 年）、《机动车燃料效益法》（1980 年）、《能源政策法》（1992 年）、《2009 年美国清洁能源与安全法》等法律法规，从法律上明确环境保护利益相关人的责任范围，同时也制定了绿色金融发展法律法规，明确金融机构在环境保护中的责任和义务，厘清和规范政府与市场的关系。在完善相关法律法规的基础上，美国绿色项目界定清晰，企业绿色经营标准明确，信息披露充分，金融机构和企业充分互动，为绿色金融资金的优化配置奠定了良好基础。

二、部分发达国家绿色金融发展经验

（一）美国绿色金融发展经验

1. 联邦政府绿色金融制度构建

美国是绿色金融制度最早兴起的国家之一，其绿色金融制度的发展基本上可以划分为以下两个阶段：一个阶段是 20 世纪 90 年代以前的“伴随性发展阶段”。在此阶段，绿色金融制度立法相对比较片面，其理念主要体现在环境保护法当中，涉及主体主要是政府部门。另一个阶段是 20 世纪 90 年代后的“快速发展时期”，绿色金融制度在世界范围内被推广开来，美国则趋于世界领先地位，其中奥巴马政府的绿色经济新政是绿色金融制度构建的转折点。这个阶段的参与主体不但包括政府机关，也包括非政府组织、金融机构、生产企业以及公民个人。

（1）20 世纪 90 年代前的绿色金融制度构建。1872 年格兰特总统签署颁布的《黄石国家公园法》，标志着美国联邦环境立法的开始，但美国绿色金融制度却始于20世纪。1933年，罗斯福在其新政中，建立起国家资源计划处和民间资源保护队，将美国国内的经济建设和环境保护结合起来，并于1936年制定了《公共汽车尾气控制法》，这是绿色金融制度在美国的最初表现形式。

20世纪60年代后期，环境问题备受关注，促使美国联邦政府制定了一系列的环境成文法。1969年，美国国会通过《国家环境政策法》，标志着其环境政策和立法进入到一个新阶段——环境保护由以治为主转变为以防为主，由单一的防治污染转变为保护整个生态环境。此后，美国的环境立法涉及环境保护的各个层面与领域，绿色金融制度在此基础上也快速发展，尤其是20世纪70年代，制定了大量的环境法，包括1970年的《环境质量改善法》《美国环境教育法》，1972年的《海岸带管理法》《海洋哺乳动物保护法》《海洋保护研究及禁渔区法》《联邦环境杀虫剂控制法》《噪声控制法》，1973年的《濒危物种法》，1974年的《安全饮用水法》，1975年的《有毒物质运输法》，以及1976年的《联邦土地政策及管理法》《资源保护与回收法》《有毒物质控制法》。其中，1970年国会通过的《清洁空气法》和1972年联邦制定的《清洁水法》是这个时期通过的最重要的两部法律，至今仍是美国比较重要的两部环保法。可以说，70年代制定的这些环保法为美国环境法律体系搭建了总的框架结构。

进入80年代后，美国进一步加强了酸、能源、资源和废弃物处置方面的立法，1980年制定有《酸雨法》《机动车燃料效益法》《生物量及酒精燃料法》《固体废物处置法》《超级基金法》，1982年制定了《核废弃物政策法》和1990年制定了《大气清洁法》《防治污染法》。到目前为止，美国联邦政府共制定了30多个保护环境的法律和上千例环境保护条例，形成了一个庞大的、完善的环境法体系。在这个体系中，几乎每部法律中都涉及如何运用一定的经济手段来提升环境保护的力度问题。在这一系列的环境法中，《国家环境政策法》（1969）、《清洁空气法》（1970）、《清洁水法》（1972）、《超级基金法》（1980）所体现出来的绿色金融制度理念是最为突出的。

（2）20世纪90年代后的绿色金融制度构建。90年代后，美国联邦政府的绿色金融制度体系构建得到进一步完善，绿色金融制度着力于规范更宽泛、更专业的经济和环境领域，强调良好的环境与经济促进作用。在此阶段，绿色金融作为一种促进可持续发展的手段在全球推广开来：国际的政府组织和非政府组织在绿色金融项目上合作频繁，各国政府通过宏观调控来推动绿色经济发展，金融机构运用绿色融资模式参与到企业发展中，企业在市场的引导下配置社会资源，个人对绿色产品的认知和需求也在一定程度上引导企业的发展方向。

在这样一种大背景下，美国联邦政府对其国内可持续发展政策进行重新审视和调整，将单纯的生态系统管理转向综合资源管理，采用以市场导向和经济手段为基础的污染控制措施，重视环境外交政策、绿色产品技术研发等，力求将美国绿色金融制度发展带入到一个全新的阶段。主要是制定出了一些以市场为导向的环境政策法，其中比较有代表意义的是1990年修订的《清洁空气法案修正案》和1992年制定的《能源政策法》。此外，联邦政府还制定法律与政策以规制金融业营运过程中的环境责任。自《超级基金法》中规定的银行环境责任得到普遍认可后，银行业开始注重对经营过程中环境因素的考虑，尽量避免为存在环境问题的企业贷款。

除了上述提到的相关法律外，美国联邦政府的绿色金融制度构建还包括：

1）财政资金支持。20世纪90年代美国环境投入大大增加，在克林顿总统执政后，更是高举起了环境保护旗帜。1993年，美国环境投入达920亿美元，占国内GDP的1.8%，到2000年，环境投入占GDP的2.6%，随后逐年增加，主要投资在污染控制、环境监测和执法、清洁技术发展以及污水处理厂和固体废弃物处置场建设等方面。

2）部门间进行绿色金融项目合作。1997年9月，EPA向国会提交了一份《为迎接环境保护新时代做准备》的五年战略规划报告，报告指出："EPA将与其他部门合作以确定长期的生态、经济和社会需要。生态系统研究需要联邦、州、部门和当地机构与政府和私人企业间，特别是政府和那些被提供服务的人们间的协调的、联合的行动。"

运用宣传教育手段提升公民的环保意识，为绿色金融制度实施奠定舆论基础，对绿色发展理念的宣传促使了很多美国人对绿色产品的购买。这种购物选择推动了绿色产品市场的发展，同时鼓励企业采取清洁技术生产，无形中促使绿色信贷、绿色融资和绿色证券的进一步发展。

（3）奥巴马政府的绿色经济新政。2008年，世界遭遇能源危机和金融危机，世界经济出现从20世纪30年代大萧条以来最严重的衰退，直接导致2009年全球人均收入下降、世界贸易量下滑、全球失业人数急剧上升。面对此种情况，联合国环境规划署发表《走向绿色经济》的报告书，呼吁"化解当今威胁世界经济的重重危机，需要实施全球绿色新政"。作为这次危机的起源地，美国国内经济曾一度陷入瘫痪。为尽快将美国经济带出低谷，奥巴马政府上台之初就采取了绿色新政变革，运用绿色能源计划来刺激美国经济的复苏。[①] 奥巴马政府的绿色新政实施是美国绿色经济发展的重要阶段，也是美国绿色金融制度体系构建的转折点。

奥巴马政府绿色新政的目标是重新调整国内产业结构、加大科研与技术投入力度、寻求新能源开发途径，以控制温室气体超标排放、缓解能源紧缺、防止经济下滑、降低失业率。出发点是将发展清洁能源作为新的经济增长点来拉动经济复苏与就业岗位的创建，同时以积极的态度应对全球气候变化。为此，2009 年 3 月，美国众议院向国会提出《美国清洁能源与安全法》，目的是通过创造数百万的就业岗位来带动经济复苏，减少对国外石油的依赖以提升美国国家安全，减少温室气体排放以减缓全球变暖。这部法案彰显出以下理念和政策倾向。

第一，转型发展低碳经济是解决美国金融危机和气候恶化的主要措施之一，是拉动美国经济的增长点，也是美国抢占下一轮全球经济领先地位的制高点。2009 年 1 月，奥巴马在美国能源与环境计划中宣称："今后 10 年将对绿色能源领域投资 1500 亿美元，创造 500 万个新的就业机会。"此次的法案对这个计划给予了肯定，对政府在推行低碳发展中的财税、技术、市场等方面的政策都做出了规定，从法律上保证了"绿色就业与工人转岗"。

第二，对美国清洁能源利用率制定目标。采用清洁能源是解决美国石油危机和环境危机最有效的方法。法案中提到清洁能源推广、清洁能源技术创新等经济刺激方案，要求"风能、太阳能、生物质能和地热等可再生能源所产生的电力要在电力公司的发电量中占到一定的比例，以此促进可再生能源的发展"，"这一比例从 2012 年开始，6% 的电力供应来自可再生能源，之后每年递增，到 2020 年达到20%，2025 年达到25%"。这为传统能源向清洁能源的转变提供了法治保障。

第三，对清洁能源技术创新做出规定。奥巴马政府实施一系列措施来开发清洁能源技术市场，包括政府积极参与清洁能源示范项目，支持早期阶段的高风险与高回报研发项目，减少对研发投资的税收等。奥巴马曾表示："我们每年将投资 150 亿美元刺激私营部门为发展清洁能源进行技术创新。"2009 年 5 月，奥巴

① 奥巴马总统上台之初宣布了高达 7870 亿美元的经济刺激方案。其中，622 亿美元直接用于投资发展绿色经济，200 亿美元用于投资鼓励绿色经济发展的减税政策。绿色刺激投资将占整个美国经济刺激计划的 12%。致力于在 2050 年之前将美国温室气体排放量比 1990 年减少 80%，并将实施一项价值 1500 亿美元、为期 10 年的清洁能源计划。在发展风能和太阳能、生化能源、核能以及清洁煤炭等在内的新能源技术中创造 500 万个绿色工作机会。

马政府对碳回收与储存项目提供了24亿美元的预算来建立“碳隔离领袖论坛”，实施“碳隔离核心计划”和“地区性碳隔离伙伴计划”。

第四，对减少温室气体排放、减缓全球变暖做出积极响应。客观上来看，奥巴马政府对待气候变化问题是持积极应对态度的。竞选期间，奥巴马对布什政府在2001年退出《京都议定书》协议的做法给予批评，并将民主党的智库“美国进步中心”的《渐进增长，促进美国向低碳经济转型》的报告书纳入竞选纲领中。日后，这份报告书成为奥巴马政府应对气候变化的政策基础。应对气候变化的积极姿态和做出的一系列重大决策给其政府标以全新的形象，《美国清洁能源与安全法》的制定更加凸显出了奥巴马政府在应对全球气候变化中的决心。

奥巴马政府的绿色新政从实施至今虽没有完全达到预期效果，但还是起到了一定的作用，给美国绿色经济发展全新的诠释。在这场绿色变革中，美国从上而下对整个绿色经济计划实施，其中加利福尼亚、纽约等州还制定出了相关的绿色能源法。财税刺激方案为美国发展低碳经济创造出了全方位的财政政策环境。绿色经济计划实施中创造的大量就业机会，在一定程度上缓解了美国高失业率的压力，对美国社会稳定起到了积极作用。另外，温室气体总量控制和排放权交易的实施，对降低整个大气层的温室效应、提高生态文明水平做出了贡献。美国目前经济发展总体趋势虽然并不乐观，经济发展仍然缓慢，也存在一定比例的失业人口，但奥巴马政府绿色经济改革给美国未来社会、经济、法律、环境发展指引了方向。① 其中，绿色金融发挥了重要作用。

2. 州政府绿色金融制度设计

美国联邦政府从全国角度对绿色金融制度框架进行“顶层设计”，在促进绿色金融发展方面走在世界前列，在绿色金融产品创新、法律法规建立等方面积累了很多经验方法。美国州政府在联邦政府的制度框架下结合当地实际情况开展促进绿色金融发展的“基层探索”，在支持绿色金融发展方面的政策设计更为具体、操作性更强。联邦政府“自上而下”的顶层设计与州政府“自下而上”的基层探索相结合，即使全国各地协调一致地推进绿色金融发展，又让各州因地制宜发展符合地方特色的绿色金融体系，从而不断地完善绿色金融体制机制。

美国州政府主要围绕促进绿色金融发展的制度设计、财政政策设计及绿色金融组织设立等方面进行探索，为当地绿色金融发展创造市场需求、扩大有效供

① 倪宇霞：《美国绿色金融制度研究》，湖南师范大学2011年。

给，从而促进地方绿色金融健康发展。①

（1）完善绿色发展的制度设计，为绿色金融服务创造有效需求。在大气污染防控方面，美国州政府探索建立控制大气污染的地方性法律法规，引导金融机构针对减排领域开展产品和服务创新。为控制轿车和轻型汽车的尾气排放，加利福尼亚州政府在世界上首次制定了汽车尾气排放碳氢化合物和一氧化碳的标准。州议会颁布了世界上首个关于汽车排放的法律——《强制装置法》，要求加利福尼亚州所有新生产的汽车和在用车一律安装净化装置。受相关影响，美国汽车行业对大气污染减排设备的需求不断增加，促使金融机构推出相应的绿色金融产品和服务。银行针对小型运输类公司提供无担保、还款周期灵活的信贷产品和服务，帮助这些企业购买净化装置。

在绿色建筑方面，美国州政府制定并完善城市规划和建筑物等方面的地方性标准，为金融机构在这个领域开展服务提供条件。加利福尼亚州政府先后制定了《城市规划管理体制和总体规划导则》《加利福尼亚州建筑标准》等，突出绿色能源、节能、环保等理念，并通过罚款等手段强制民众在新建和改建房屋时执行相关法案。在这些政策的作用下，美国绿色建筑市场需求持续扩大，吸引金融机构不断进入。美国富国银行开发了商业建筑信贷等创新性金融产品和服务；新能源银行推出了房屋净值贷款等新产品，提供"'一站式'的太阳能融资安排"；加利福尼亚州的基金保险公司向客户提供绿色建筑保险等。

在新能源开发方面，美国州政府制定并完善地方性法律法规，引导金融机构面向清洁能源领域提供服务。加利福尼亚州政府推动州议会颁布《加利福尼亚公共设施法》，明确规定州政府对合格的可再生能源资源公司给予补贴等奖励措施，以弥补可再生能源成本高于市场价格带来的竞争力不足。受这些政策的影响，美国新能源市场需求不断增加，吸引美国金融机构纷纷涉足该领域。富国银行专门成立了清洁能源商业小组，为生产、营销或开发清洁能源技术的企业提供金融产品和服务。②

在温室气体排放总量控制和碳排放权交易方面，美国州政府加强关于温室气体排放总量控制和碳排放权交易的地方性法律法规建设，支持金融机构对碳金融产品和服务的创新。2006 年，加利福尼亚州政府推动州议会颁布了《加利福尼

① 李美洲：《美国州政府支持绿色金融发展的主要做法及对我国的启示》，《政策研究》2017 年第 3 期。

② 韩立岩、尤苗、魏晓云：《政府引导下的绿色金融创新机制》，《中国软科学》2010 年第 11 期。

亚洲全球变暖解决方案法》，使该州成为美国首个法律上对二氧化碳减排量进行约束的州；2010 年，州政府又发布了《限制二氧化碳排放总量管制与排放交易规定》，从而成为美国首个利用碳排放权交易市场遏制温室气体排放的州。在这些政策的影响下，美国碳排放权交易市场获得了较快发展，为金融机构加强对碳金融产品和服务创新创造了有利条件。

（2）健全绿色领域的财政政策设计，创新政府、金融机构和社会资本合作的有效机制。通过财政补贴等政策引导金融机构加大对电动汽车等领域的金融支持力度。宾夕法尼亚州政府出台了多项鼓励政策，包括州环境保护署为充电设施建设提供 50% 的补偿，对电价给予一定的折扣等优惠政策，以此吸引居民加大对电动汽车等产品的绿色消费。在上述政策的影响下，美国新能源汽车市场发展较快，促使金融机构推出符合市场需求的金融产品和服务。

通过财政拨款等形式引导金融机构支持废物回收再利用等领域的发展。宾夕法尼亚州政府利用财政拨款推出城市生活垃圾回收与资源化项目。此项目的推出带动了该州废物回收再利用产业的发展。主要措施是：州政府人员根据居民家庭回收再利用的废物数量计算其价值，并将等额款项存入居民家庭的废物回收再循环账户中，居民可以在废物回收再循环银行领取商店、洗车行、星巴克咖啡店等消费场所的等额代金券，以此吸引居民支持废物回收再循环。

通过财政贴息等政策撬动金融资本、社会资本投资清洁能源等领域。2001～2011 年，宾夕法尼亚州政府累计为 41 个清洁能源项目提供了 1500 万美元包括财政贴息在内的政策支持，由此吸引了近 2 亿美元的民间投资和银行贷款。

通过财政出资设立绿色投资基金等方式，促进水务等绿色基础设施建设。宾夕法尼亚州依靠绿色投资基金建设洪水防御设施，制定资金进入规则，引导众多私人资本参与绿色基础设施建设，拓展了多元化的市场融资渠道，满足了当地水务基础设施建设的资金需求。

（3）成立地方性绿色银行，扩大绿色金融的有效供给。20 世纪 70～80 年代，美国开始探索发展清洁能源项目。随着清洁能源市场的发展，市场主体对绿色金融产品和服务有了更多的需求。为此，美国一些州政府探索成立地方性绿色银行，以扩大金融产品和服务的有效供给，满足清洁能源发展需求。目前，美国州立绿色银行主要有以下三种模式（它们在目标定位、管理架构、资金来源和风险防范方面有所不同）。

一是准公共机构模式。这种模式的绿色银行为州政府所有，通过州政府部门获得资金，按照市场化方式开展业务，主要代表是康涅狄格州绿色银行。该银行成立于2011 年，目标定位是“支持州长和立法机关的能源战略，实现更清洁、更便宜、更可靠的能源供应，并创造就业机会、支持当地经济发展”。最高管理机构董事会具有年度运营计划、预算和项目投资等审批权，成员包括经济和社区发展局局长、财政局局长、能源和环保局局长等。主要资金来源是工业、居民电力用户缴纳的电费附加费，其他资金来源包括区域温室气体减排拍卖所得款项、联邦和州政府拨款、慈善捐赠、投资收益、向社会募集的资金等。主要采用商业化模式进行风险管理，规定清洁能源项目贷款的金额不得超过资产评估物业价值总额的35%，采用传统金融机构标准的尽职调查和贷款审批流程，保证贷款风险可控以便将来可以对外转售。

二是州立清洁能源融资机构模式。这种模式的绿色银行一般设在与州政府相关的某些机构中，并与利益相关者开展广泛的业务合作，主要代表是纽约州立绿色银行。该银行成立于 2014 年，投资领域包括清洁能源、高效冷水机、电压控制设备、太阳能电池板、热电联产系统等。该银行的总体经营目标是“通过与私人部门合作来推动本地区清洁能源发展，从而改善其融资市场”，主要由纽约州能源研究和发展管理局管理。启动资金主要来自州政府，包括纽约公共服务委员会批准的1.65 亿美元及“区域性温室气体倡议”下拨的4500 万美元。其投资和风险委员会由纽约州能源研究和发展局的高级官员组成，主要针对投资风险和企业风险进行最终的风险管理，通过所有涉及银行资本的决议等。

三是基础设施银行模式。这种模式的银行通过与州立能源机构合作来支持当地清洁能源项目发展，主要代表是成立于 2014 年的新泽西州能源适应力银行。该银行的经营目标是“通过融资和技术帮助，增强新泽西州能源关键设施的适应能力和可恢复性”。监管由新泽西州经济发展局负责，州公共事业委员会提供技术支持。资金来源主要是美国住房和城市发展部向新泽西州下拨的自然灾害联邦救助拨款。

美国州政府支持绿色金融发展的政策措施具有较强的操作性和创新性，这对于我国各省市从自身实际出发，探索符合本地特点的绿色金融发展之路具有重要的借鉴意义。

（二）英国绿色金融发展成果——绿色投资银行

英国绿色投资银行是世界上首家由国家设立的专门为绿色低碳项目融资的银

行，作为英国政府“绿色新政”①（Green New Deal）的主要举措之一，旨在通过解决绿色低碳项目融资的市场失灵问题，推进英国的绿色经济转型。

1. 成立背景

根据《京都议定书》和欧盟的要求，英国到2020年要实现在1990年基础上二氧化碳减排20%的目标。2008年英国出台了《气候变化法案》，2012年出台了《能源法案》，设定了低碳发展和使用可再生能源的目标。2010年卡梅伦政府推出“绿色新政”后，英国又将2025年减排目标提高至在1990年基础上实现二氧化碳减排50%。据英国下议院气候变化委员会测算，实现这一目标至少需要融资2000亿英镑，而传统资金来源（公共事业经费和基础设施基金等）能提供的融资不足一半，资金缺口明显。另外，英国政府面临财政赤字和欧债危机的压力，市场对于政府是否应向绿色产业提供资金也心怀疑虑。

在融资需求和财政紧缩的双重压力下，英国政府在制定2010年财政预算时，首次提出要建立一家由政府出资、按市场模式运营的绿色投资银行（政府已提供保证该银行运营的初始资本30亿英镑）。2012年10月，在欧盟委员会按照“国家援助”相关规定予以批准后，GIB开始全面运作。②

2. 基本任务

GIB的使命是“打造一个独立于政府运作的可持续性金融机构，促进英国向绿色经济转型”。发挥“绿色影响力”和实现“盈利”是其基本任务。“绿色影响力”是指投资活动应限制在“绿色项目”，即那些符合政府环境保护和可持续发展目标的项目，包括减少温室气体排放的项目、提高自然资源使用效率的项目、保护或美化自然环境的项目、保护或改善生物多样性的项目和促进环境可持续发展的项目。“盈利”目标凸显了GIB一家独立、可持续运营的金融机构的设计理念。

3. 运作模式

英国绿色投资银行的使命是加快英国向更环保、更强大的经济体转变的步伐。要不负这一使命，仅仅依靠英国政府注入GIB的资本金远远不够，必须撬动私营部门资金进入绿色领域。因此，其商业模式应向私营部门显示绿色项目的投

① “绿色新政”是由联合国秘书长潘基文在2008年12月11日的联合国气候变化大会上提出的一个新概念，是对环境友好型政策的统称，主要涉及环境保护、污染防治、节能减排、气候变化等与人和自然的可持续发展相关的重大问题。

② 李文杰、李亮子：《英国绿色投资银行简介》，《中国财经报》2014年9月2日第25版。

资吸引力——以向绿色项目提供融资开始，通过技术和融资手段的创新、示范效应和可复制经验的推广等，提高绿色项目利润率，实现资本的循环利用，从而吸引新投资，再次扩大绿色项目投资额。这一过程促进了基础设施现代化，产生了环保效益和经济效益，也促进了就业和社会稳定（见图 5－1）。[①] 具体运作模式可从资金来源、投资领域、投资方式、业绩衡量、面临的风险、治理与问责机制等方面来看。

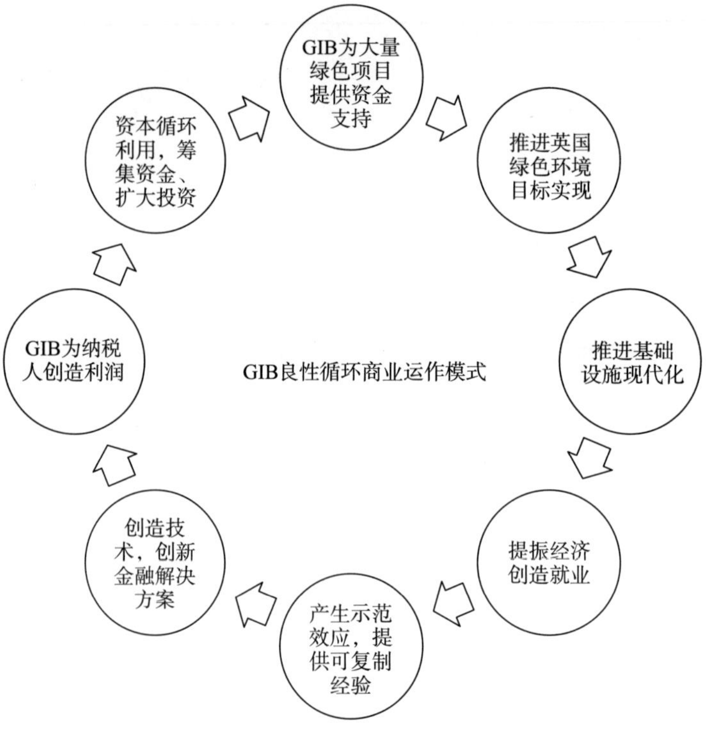

图 5－1　英国绿色投资银行良性循环商业运作模式

（1）资金来源。目前，英国政府是 GIB 的唯一投资者（通过发行政府债券）。英国政府承诺，到 2016 年，向 GIB 完成注资 38 亿英镑。未来，GIB 按规划还有可能通过向公众发行债券来扩大资金规模。

GIB 撬动社会资本的平均比率是 1∶3，具体项目的撬动比率从 1∶1.5 到 1∶10

① 刘茂伟：《英国绿色投资银行运作模式的借鉴及启示》，《当代金融家》2015 年第 10 期。

不等。搬动社会资本的主要方法和办法：一是做出投资决策前，GIB 经理团队进行尽职调查，来提高它作为一个好的投资者的声誉。二是通过与那些已经致力于绿色领域的企业开展合作来发掘投资机会。三是为风电项目前期资金缺口提供股权融资，在项目成熟后再出售股权退出。四是与私营部门的合作条款参照商业条款，向私营部门证明 GIB 资金和市场资金享有同等权益，不带有补贴性质。五是通过收购现有项目来建立社会资本对投资的信心。六是招募经验丰富、声誉良好的投资银行家团队，对 GIB 开展经营管理。这些措施有利于增加社会资本追随 GIB 投资的信心，提高社会资本参与度，提高杠杆率。①

（2）投资领域。GIB 旨在调动对英国绿色经济的投资，服务于调整“市场失灵”，优先关注海上风电、非家庭用能的能效、垃圾与再循环、转废为能和“绿色方案”五个领域。GIB 优先投资于三个重点领域：海上风电、垃圾发电和能效。这些都是主流投资领域，商业化可行性较强。其中前两个领域明显顺应了英国电力改革和《可再生能源义务法》中对电力供应商增加可再生能源电力比例的要求，对投资人来说具有较强的政策支持。② 至少 80% 的资金投资于这些重点领域，另外 20% 可投资于其他绿色领域，如生物质能、海洋能、碳捕获和封存等。③ 如果在某个领域中，社会资本能够识别、评估和管理风险，自主进行投资，那么 GIB 会逐渐撤回在该领域的支持。

（3）投资方式。一是开办期或建设期股权投资。GIB 针对已经获得社会资本股权融资权的项目，为开办期或建设期的资金缺口提供股权投资（承担所有典型股权风险，同时也享有典型的针对少数股东的公司治理权）。二是为海上风电、碳捕获与封存（CCS）和能效项目提供长期贷款。三是针对海上风电和 CCS 项目的中期提供抵押次级债务（次于由商业银行提供的优先有抵押债务）。四是针对能效项目（主要针对小规模能效、微型发电和智能电网项目）的违约风险保证产品。④

（4）业绩衡量。GIB 从三个方面考量业绩：一是营利性，即英国政府设定的 3.5% 的内部收益率（IRR）目标。GIB 的投资团队由来自投资银行、能源基金和能源企业的拥有丰富专业经验的人员组成，盈利表现出色，运营首年就超过了 3.5% 的目标，2013 年和 2014 年更是达到了 8%。二是资本配置效果。在这方面，GIB 受到了市场上的一些质疑。2012 ~ 2016 年 GIB 有 38 亿英镑资金可以调

①②④　李文杰、李亮子：《英国绿色投资银行简介》，《中国财经报》2014 年 9 月 25 日第 2 版。
③　李靖、贾康：《绿色投资银行的投资运营状况》，《中国财经报》2014 年 11 月 25 日第 8 版。

动，然而在2014年3月其承诺投资13亿英镑，撬动共同投资仅48亿英镑。这个数字远低于英国发展绿色产业所需要填补的资金缺口。三是绿色影响力。GIB会对它支持的每个项目的绿色影响力做出监测、评估和报告，并在每财年发布财务报表的同时发布经审计的“绿色影响力报表”。

（5）面临的风险。GIB模式主要面临五类风险：项目投资风险、经营管理风险、绿色风险、声誉风险和流动性风险。其中，与一般的投资银行不同，绿色风险是GIB最主要的风险，主要表现在其投资项目的绿色环保指标上。公司内部采取“自上而下”的管理方式，通过压力测试、控制测试、合规管理和内部审计等工具防范风险，细致而详尽。

（6）治理与问责机制。作为政府的全资公司，GIB按照商业化模式运作，同时，按最高标准严格管理公共资金的运营。GIB建立了六项治理与问责机制：年报制度、董事会会议纪要、公司策略管理、支出管理、委员会权限管理和报酬管理（见表5－1）。①

表5－1　GIB治理和问责机制及其基本内容

治理和问责机制	基本内容
年报制度	于次年1月公布上一年年报，内容涉及商业模式、投融资效果、组织架构和人员构成、公司治理、环保效应、公司财务报表等方面
董事会会议纪要	经过董事会批准后立即公布，召开董事会会议时间间隔最长为2个月
公司策略管理	包括风险策略、绿色投资原则、投资关联因素分析、企业环保政策、环保效应评价标准、赤道准则执行状况等方面
支出管理	按季度公布工作人员费用、接待情况以及机构的投资支出情况
委员会权限管理	包括风险与审计委员会、主席委员会、薪酬委员会、提名委员会、估值委员会、投资委员会、投资组合委员会、风险和守法委员会
报酬管理	公布年度GIB领导小组和其他成员的薪酬状况

（7）机构年度运营效果评定。GIB通过关键绩效指标（KPIs）跟踪各个战略目标的推进情况。关键绩效指标包括资本投入总额、投资回报、额外资本撬动比

① 刘茂伟：《英国绿色投资银行运作模式的借鉴及启示》，《当代金融家》2015年第10期。

率、绿色经济投融资方式创新、通过成本节约和收入增长助推利润增长状况、在绿色政策和报告领域的领导地位及公司治理等。GIB 明确各个关键指标的衡量方法、年度目标和当年表现情况，并将其作为机构透明度管理的一部分，向董事会、股东、社会公众进行披露。

4. 经营亮点

（1）精准的市场分析，调节市场失灵。GIB 准确把握了能源市场的投融资需求形势，在机构投资者谨慎布局甚至退出市场的大背景下，清晰地看到了能源投资供给不足的流动性缺口。GIB 的存在纠正了部分市场失效，它让投资者正确认识绿色投资项目的风险和投资回报率，打消了他们的怀疑和顾虑，调动了社会资本的参与积极性，从而打开了能源投资市场的新局面。

（2）有针对性地设计融资方案，尽量寻求可复制性。这一点突出表现在 GIB 给予国家医疗服务系统（NHS）的能效改进方案上。为了满足 NHS 不同的能效改进方案的需求，GIB 与不同类型的社会资本进行合作，包括基金、社会团体资金、私人投资等。在苏格兰，GIB 与当地政府和苏格兰未来基金一道，帮助苏格兰地区的 NHS 向中央政府申请融资项目资助以及其他更多的可移交权力。同时，在满足个体需求的前提下，GIB 也尽量设计出能扩展复制到相似地区或类似系统的解决方案，从而让更多的 NHS 组织受益。

（3）资金来源多样，融资形式灵活，金融产品创新。GIB 不仅撬动了多种类型的社会资本，还赋予了其融资方案充分的灵活性和创新性。GIB 可根据融资方需求来设计表内或表外产品，以及结构化的还款方案。

（4）严格的风控管理贯穿始终。GIB 一直都执行严格的风控管理措施。2015 年 3 月，GIB 对外发布了《绿色投资手册》，详细列明了针对每一个绿色项目所使用的实用工具，包括不同领域的项目筛选指南、标准，尽职调查的详细步骤，风险评估计算模型和流程，后续监管措施和绿色影响的汇报等。对于受政策波动影响较大的能源领域，不仅包括对现有政策的梳理，还有对未来相关政策可能的变化带来的影响力的评估。同时，利用内部环境风险压力测试，从宏观和微观层面，使用多种风险缓释工具和有效的合同流程管理，预估和防范可能的风险，从而保证投资成效和收益。①

5. 面临的问题

GIB 是国家绿色银行的探路者，从成立以来一直备受关注，其发展中遇到的

① 江蓓蓓：《英国绿色投资银行能效融资案例》，《21 世纪经济报道》2015 年 5 月 11 日第 18 版。

问题也值得思考。

（1）营利性压力和投资限制。由于欧盟对于国家干预市场有严格的限制，GIB 的投资必须满足两个条件：市场化和只能投资于出现市场失灵的领域。目前 GIB 的大部分投资仅限于政府界定的三大重点领域，即海上风电、垃圾发电和能效。而且，GIB 只能直接投资项目，不能投资企业。这就使 GIB 的投资机会非常受限。虽然 3.5% 的投资回报率要求对于可再生能源项目来说不算高，但每一个项目的损失都会带来很大的公众压力。

（2）撬动社会资本能力有限。传统投资者认为，因所需资本的使用成本很高，所以绿色项目的投资者需要政府补贴来弥补低于平均水平的投资回报。但 GIB 的投资没有补贴性质，因此吸引投资的能力受限。

（3）绩效评价困难。除了财务回报，“信息不对称”也经常被认为是绿色项目投资难以达到社会最优的因素之一。政府授权中“绿色”定义过于宽泛，难以使 GIB 投资的项目真正担负起绿色责任。例如，简单地将火电转变为生物质和垃圾焚烧发电，并不能保证环境的收益，还需要做其他一些处理。

（4）配套政策问题。作为政策性银行，GIB 的投资绩效也与政府的产业政策相关。例如，风电和垃圾发电项目就得益于英国一系列鼓励可再生能源的政策。反之，如果政策力度不足，或政府继续支持化石燃料产业，就难以激发社会资本发展绿色产业的信心，GIB 投资绿色技术的前景也会受影响。①

英国绿色投资银行是绿色金融发展过程中直接融资的典范，对于丰富绿色项目融资渠道，撬动更多社会资本，增强经济和社会效益起到了很好的作用，值得借鉴。

（三）德国绿色金融发展经验

1. 厚植绿色发展理念

在经济低碳转型，特别是传统制造业绿色发展方面，欧盟作为低碳经济的发源地，是全球低碳经济发展的先行者和领军者，一直走在世界前列。德国作为欧洲经济的龙头，是欧盟国家中发展最为迅速的经济体，为欧盟创造了很多就业机会。作为世界环保大国，德国已经成功完成了低碳经济转型，实现了绿色发展，并将发展绿色经济确定为基本国策。

---

① 李文杰、李亮子：《英国绿色投资银行简介》，《中国财经报》2014 年 9 月 25 日第 2 版。

转型初期，德国将循环经济、新能源开发、节能减排等统一称作环境经济，后来逐步提出绿色经济或者低碳经济的概念，并在全社会倡导低碳消费理念。通过各种宣传教育手段提高国民的能源节约意识，目前低碳环保理念已经成为德国社会的核心价值观，民众已经具备了绿色低碳生活理念，人人以节能减排为己任。低碳文化的兴起颠覆了民众原有的生活方式，低碳发展的思考和实践进入良性循环阶段。在德国，低碳经济已经作为一个重点内容写入未来发展战略规划，明确未来将继续以绿色产业为新的增长点。①

德国也曾经受到雾霾的困扰，走过漫长的抗霾之路。1962 年，德国有些地区的空气污染度甚至是现在北京空气污染度的近 10 倍。当时的德国鲁尔区，有很多的燃煤电厂和钢铁厂，环境污染严重。为了治理碳排放，当年政府强制要求工业废气必须要经过脱硫和过滤处理，并且鲁尔区只允许使用低硫燃料和带有尾气处理器的汽车上路。尽管工业企业反映强烈，但政府坚持陆续推出并执行种种管理条例，环保运动发挥了重要作用。“阵痛”过后，企业最终也因为这些高标准而受益，慢慢树立了在碳排放治理和低碳产业方面的竞争优势，并且通过政府搭建的平台将优势技术出口，形成了新的利润增长点。这些发展变迁的历程体现出德国政府和民间对环境保护和应对气候变化的重视程度和积极态度。如今，时过境迁，现在的鲁尔区早已是蓝天白云、鸟语花香了。正是在这个变迁和创新的过程中，德国人的低碳理念渐趋成熟。

2. 建立和完善绿色金融发展的制度框架

德国的低碳经济转型取得显著成就，除了政府和民间的高度重视，更得益于其科学的治理方式与发展策略。

（1）实施低碳经济转型的法律法规。德国政府从 20 世纪 70 年代起实施了一系列推动低碳经济发展的法律法规，体现在节能减排、生态保护、税收引导、可再生能源研发与应用、民众倡导与教育等方面。立法让绿色发展有法可循，违法必惩。

《环保立即行动计划》（1970 年）标志着德国开始制定环保政策。1972 年对《德国基本法》进行了修订，为政府在环境政策领域立法提供了保障。自 20 世纪 80 年代末，德国在环保理念中加入了可持续发展的内涵。通过《废弃物限制及废弃物处理法》（1986 年）约束废物处理，构建可持续发展和环保型社会。《循

① 李萍：《浅析德国低碳经济转型对中国绿色发展的启示——从财政和金融的视角》，《学术论坛》2016 年第 10 期。

环经济与废弃物管理法》（1996 年）是世界上首部循环经济法。《废水纳税法》（1981 年）开征水污染税，对排入地表或地下的废水征税，不包括排到污水处理厂的废水。《节省能源法案》（2002 年）将减少化石能源和废弃物处理提高到发展新型经济的高度。

《京都议定书》（1997 年）签署后，德国开始大力推广节能减排、新能源利用和低碳技术，抢占技术制高点，以绿色产业为新的增长点拉动经济发展。德国的可再生能源发展在世界上具有代表性。为鼓励生产企业开发和使用清洁能源，德国增加了新的税收种类，通过实行《生态税改革法》（1999 年 4 月）对电力（电）、矿物能源（油）和天然气（气）等征收能源税。为推广可再生能源（太阳能、风能、生物能源等）发电，对使用上述能源不收取生态税。《进一步发展生态税改革法案》（2013 年）将税收用于降低社会保险费，提高德国企业的国际竞争力。《可再生能源优先法（EEG）》（2000 年）（其前身是 1991 年颁发的《强制输电法案》）标志着德国可再生能源发电市场启动，以保护收购价的形式（即可再生能源优先以固定费率入网）鼓励对新能源发电的投资，降低可再生能源的发展风险。2003 年、2008 年、2011 年和 2014 年德国先后四次对 EEG 进行了修订，不断地降低电力成本，推进可再生能源发展目标的落实。实现高比例可再生能源发展的同时，控制电力成本、促进可再生能源的经济可持续发展是德国可再生能源政策调整的重要原则。EEG 规定，德国可再生能源发电量到 2020 年时要占总发电量的 30%，2025 年达到 40% ~45%，2035 年达到 55% ~60%。而该占比在 1999 年为 13%；2009 年底为 16%，提前达到了欧盟要求的 2010 年指标达到 12.5% 的目标；2015 年底占比为 20%，部分高峰时段达到了 50% ~80%。

2016 年 7 月，德国联邦议会通过了对 EEG 的第五次修订草案，2017 年 1 月 1 日实施，全面推进可再生能源发电市场化，通过发电招标制度结束了基于固定上网电价的政府定价机制，以市场溢价逐步取代固定电价补贴。《热电联产促进法》（2002 年）对以热电联产技术生产出来的电能提供资金补贴，提出热电联产发电比例到 2020 年要提升至 25%。通过收集发电中产生的热能并用于供暖，既减少了热量的流失，又通过供暖为发电企业带来了新的利润增长。《碳排放权交易法》（2004 年）通过设置德国排放交易处（隶属于联邦环境保局），让欧盟和德国碳排放治理的相关法律得以执行。《生物燃料油比例法》（2007 年）规定到 2015 年德国生物燃料在总燃料中的占比将达 8%。《可再生能源供热法》（2009

年）体现出政府的扶持重点开始向新能源下游产业转移。为减少交通工具的碳排放，实现碳减排目标，《车辆购置税改革法》（2009 年）将车辆发动机大小和碳排量情况与新车购置税率挂钩。

（2）制定详尽的可持续发展规划。为确保低碳经济转型的实现，在立法的同时，德国还制定了详细的长期可持续发展规划作为保障：国家能源效率行动计划（EEAP）、能源与气候“一揽子”计划（IECP）以及欧盟气候变化行动计划（ECCP）。这些计划还将之前已开展的举措纳入其中，具体措施在促进节能减排上表现出显著成效。ECCP 致力于形成系列政策措施来减少温室气体排放，是欧盟委员会在 2000 年提出的。EEAP 旨在贯彻落实欧盟能源最终使用效率和能源服务指令，是德国政府经济部在 2007 年提出的。IECP 是德国内阁在 2007 年提出的，该计划包括 29 个关键事项，覆盖面完备。

（3）制定低碳经济发展战略文件。德国还制定了许多行之有效的战略部署，对长期战略愿景、发展目标，以及不同阶段的实施要点和行动计划，做出了细致翔实、科学合理的安排。在大的战略蓝图开始实施之后，针对近期安排发起了关于该战略的短期行动计划，以保障每个战略部署严格执行落实。

《环境规划方案》（1971 年）是德国第一个较为全面的环境保护立法。2004 年德国政府颁布了《国家可持续发展战略报告》，针对减少化石能源消耗，实现温室气体减排等建立了系统配套的政策体系。《德国高技术战略》（2006 年）是德国提出第一个涵盖所有政策范围的发展战略，期望通过加强创新来减少工业生产中的环境污染，在未来的全球技术市场上具有竞争力。随后，德国联邦教育与研究部于 2007 年又在《德国高技术战略》的总体框架下制定了“气候保护高技术战略”，德国联邦教研部将提供专项资金用于气候保护技术研发，在未来 10 年内给予 10 亿欧元支持，通过提高能源的使用效率、发展可再生能源以及减少温室气体排放等主要渠道来发展经济，促进德国低碳经济发展。

德国政府在 2008 年推出“国家气候倡议”，旨在挖掘降低碳排放治理成本的潜力，加大使用可再生能源力度。德国环境部在 2009 年公布了发展低碳经济的战略文件，强调低碳经济为经济现代化服务的指导方针。2010 年德国联邦政府推出了旨在使德国在能源效率和绿色经济方面走在世界最前列的“能源方案”长期战略，该战略对于德国在 2050 年前关于能源开发、使用、供应等各方面要达成的长期和阶段性目标做了详细的战略规划，并提出了不同的行动计划和主要措施。

德国的低碳经济转型取得显著成就除了政府和民间的高度重视，以及科学的治理方式与发展策略外，还得益于政府的财税金融政策支持和激励措施。在制定和完善低碳发展法律法规、长期发展战略和具体政策措施的同时，德国政府还通过财政补贴对低碳经济转型提供支持和引导，在税收政策、财政政策、金融政策方面建立了完整的制度体系保障。

3. 财政和金融政策支持

（1）税收政策。征收生态税。为了节省能源消耗，改善生态环境，实施可持续发展，德国增加了新的税收——生态税，自 1999 年开始对矿物能源（油）、天然气（气）、电力（电）等项目征收生态税，通过税收政策倡导企业开发和利用清洁能源，并且对使用太阳能、水力、生物能源、风能等可再生能源发电的企业免征生态税。德国生态税从量计征，以能源消耗为征收对象，通过税收手段鼓励开发和使用清洁能源，让可再生能源被广为接受。这一举措对改善生态环境，以及实现绿色发展至关重要。同时，德国政府将生态税收入中的绝大部分用于降低社会保险费，通过降低工资附加收费的方式使之重新回流到企业和家庭，令生态税在引导低碳经济转型的同时，增加了员工的净收入，提升了社会购买力和福利水平。

征收能源税。2006 年德国实施《能源税法》并颁布《能源税实施细则》，利用税收减免政策提高企业的国际竞争力，运用税收优惠政策引导生态型新能源的推广使用。且大部分的税收收入用于支付养老金，营造绿色福利社会。通过征收能源税，使应用传统化石能源的温室气体排放成本内部化。[①]

（2）财政支持。为了推动低碳经济发展，德国联邦政府财政部、经济部等充分运用财政政策，对有利于碳排放治理的经济行为给予政策性补贴，对积极开展低碳转型的工业企业给予资金支持或税收减免。2005 年，提出对使用“热电联产”设备生产的电能每千瓦给予 1.65 欧分的补贴，对使用天然气或生态燃料的交通工具给予 45% 的税收优惠。2008 年，联邦政府提供了总额为 1.612 亿欧元的研发资金用于可再生交通发展，占当年德国所有来自政府、科研机构和企业的可再生能源研发资金支出总额的 16.6% 。

另外，德国政府还为生产者和消费者提供优惠贷款，用于低碳转型、产品开发和低碳消费等。对一些重大的可再生能源项目，贷款补贴额度最高可达贷款额

① 赵新峰：《德国低碳发展的“善治”时间及其启示》，《中国行政管理》2013 年第 12 期。

的30%，足以见得政府发展低碳经济的决心和力度。

随着企业低碳发展步入良性循环，出口低碳产品和海外投资也为企业带来了新的经济增长。对此，政府通过财政措施给予投资税收减免等，帮助企业降低出口成本，积极开拓海外市场。2003年起，德国政府每年提供约500万欧元预算资金，用于经济技术部倡议的“可再生能源出口协议”，该计划主要用于推动低碳技术和产品的出口，帮助德国中小企业进入国际市场。德国通过财政税收政策框架建设，促使企业研发出了大量的低碳技术，很好地引导和推动了绿色经济发展，履行了降低能源对外依存度、减少温室气体排放的国际责任。

（3）构建绿色金融体系。德国通过建立健全绿色金融体系，为企业提供长期充足的资金支持，提高产品的国际竞争力；通过绿色金融市场化的制度安排引导和激励社会资本更多地投入到绿色产业发展中，在实现低碳经济转型的同时拉动经济增长。金融机构通过提供更多的绿色金融产品和服务支撑绿色发展。

绿色信贷。在发挥市场作用方面，德国复兴信贷银行计划是经典项目。复兴信贷银行（以下简称KFW）通过项目积极配合德国实施的各项政策和战略，提供长期的低息贷款和返还奖励，如“可再生资源投资扶持贷款项目”和“能效改造项目”等。KFW成立于1948年，是德国唯一的联邦政府和州政府全资拥有的政策性银行，受政府委托管理德国财政预算中的援助款项，也是德国最大的银行。KFW成立之初正值德国重建之时，其提供的低成本贷款主要用于重建德国的能源供应体系，帮助电力生产商、采矿业和钢铁业等大型企业在重建中平稳过渡。德国投资开发公司（DEG）是KFW在2001年收购的负责民间开发融资的公司，原来也是一家德国政策性金融机构。KFW及其子公司DEG为起步阶段的德国可再生能源产业发展做出了巨大贡献。根据KFW提供的数据，1998～2002年，KFW和DEG向水能、生物质能、沼气、地热、光伏产品、风能和可再生能源相关产业领域共提供了资金总额为6.5亿欧元的优惠贷款，占KFW融资业务的27%。贷款支援项目涵盖了可再生能源的各个领域，相当于德国所有能源项目融资总额的60%。2003～2006年，KFW和DEG为可再生能源融资的年均总额大约在1.3亿欧元。KFW发放给可再生能源企业的优惠贷款，利率优惠程度均在50%左右。

德国能源署（Dena）。联邦政府（50%）、德国复兴信贷银行（KFW）（26%）、德国安联保险集团（8%）、德意志银行（8%）和德国联邦银行（8%）共同控股的公司德国能源署，是提高能效、推动可再生能源和智能能源系统发展的职能中心，其首要任务在于协助德国政治界、经济界以及社会各界落实德国的能源转型政策，围绕能源有效利用和可再生能源展开各项业务活动，推动企业项目规划实施。

节能环保领域专项基金。德国在发展低碳经济的过程中，运用各种经济政策手段对中小企业和机构提供投资补贴、低息贷款和返还型补贴扶持，以及相关的咨询等。通过气候保护能效和创新伙伴关系、中小企业中央创新计划、市场激励计划和中小企业能效专项基金等筹集社会资本，加大对提高能源效率、减少温室气体排放和可再生资源领域的扶持。德国联邦经济部和德国复兴信贷银行合作建立了针对中小企业节能的专项基金，为促进德国中小企业提高能源效率提供专门资金支持，帮助企业接受专业节能指导和采取节能措施等。为减少碳资源利用项目，2009 年合作成立了全球碳基金，向本地小企业和机构提供咨询和资金帮助，以此满足环保要求。

德国在低碳经济转型过程中对财政政策与金融手段的综合运用，以及构建的法律法规体系和政策制度框架对于其他国家发展绿色金融具有重要的借鉴意义。

三、国际绿色金融发展面临的挑战

（一）环境外部性

环境外部性是指人们从事经济活动时不注意对环境造成的影响，环境成本不计算入产品和交易的成本中，这是导致环境污染问题产生的主要动因。因此，绿色金融面临的首要的、最根本的挑战是如何有效地将环境外部性内部化。

企业排放污水造成的负外部性没有货币量化为生产成本，因此没有动力去处理污水。对于下游居民来说，即便区域内居民健康状况受到影响，却由于种种原因无法向污染企业索赔，从而导致污染企业的过度投资和生产。在没有其他外力的作用下，这种恶性循环会日益加剧，污染企业会肆无忌惮扩大生产，下游居民身体健康日益受损却无法得到量化赔偿。

（二）期限错配

期限错配是绿色金融在未来发展中面临的重要挑战之一。[①] 一方面，很多绿色基础设施项目时间跨度大、周期长，导致长期资金供给不足。例如，风能和太阳能这类绿色项目的初期投资高并且持续时间长，需要长期资金投入才能保证项目的完整实施。另一方面，银行负债端期限较短，难以满足绿色基础设施项目的长期资金需求。期限错配的矛盾与绿色项目过于依赖银行贷款有密不可分的关系。

（三）信息不对称

绿色金融的信息不对称挑战是指，投资者对绿色项目存在投资热情与投资兴趣，但由于缺乏信息获取渠道，导致无法及时、准确地获取相关信息，从而因不能有效识别绿色项目而降低项目的投资吸引力。信息不对称现象是国际绿色金融发展过程中的一个重要挑战，直接影响投资者对绿色项目的投资通道，影响绿色投资的效率。

四、国际绿色金融发展展望及借鉴

（一）绿色金融政策体系的建立及完善化

绿色投资项目常常存在环境外部效应难以内部化、回报周期长、信息不对称等发展障碍。银行等机构投资者会对绿色项目贷款要求更高的风险溢价，社会资本也对绿色项目投资犹豫不决。各国政府为减轻或消除这种顾忌，致力于建立健全绿色政策体系，向市场传递明确的支持信号，提高投资者的信心，为绿色企业和绿色项目融资创造便利。绿色政策体系主要包括以下四种机制：一是激励与约束机制。再贷款和政府担保，对绿色项目实施财政贴息等。二是评估与评级机制。将企业环境信息纳入信用评估数据库，作为绿色信贷的参考依据；将绿色信

① 卢汉文、黄琼、李硕：《开发性金融与绿色金融》，《中国金融》2015 年第 20 期。

贷纳入宏观审慎评估框架，并将绿色信贷实施评价结果、银行绿色评价结果作为重要参考；规范第三方认证机构对绿色债券评估的质量要求，出具绿色评估报告。三是信息披露制度。建立上市公司和发债企业强制性环境信息披露制度，培育第三方专业机构提供环境信息披露服务的能力。四是金融监管机制。界定绿色债券标准、明确监管内容等。

（二）绿色金融工具及产品多元化

针对绿色金融期限错配这一挑战，应加大开发创新型绿色金融工具，确保绿色项目长期稳定的现金流。金融机构应不断增强创新意识和创新能力，使绿色金融产品不只局限于绿色信贷。绿色债券、绿色股票指数和相关产品、绿色发展基金、绿色保险、碳金融等金融产品都可成为投资者的选择。

在绿色金融工具创新方面，发达国家有很多经验值得借鉴。例如，美国针对期限不同的绿色项目采取不同的还款方式，根据成本高低选择等额本金或等额本息法偿还。通过评估，为绿色项目提供补贴贷款、市场利率贷款、贷款担保等资金支持。①

（三）绿色资本参与广泛化

推进绿色导向，针对绿色项目设立激励机制，发出支持绿色金融发展的明确信号；通过建立专业化的绿色担保机制、设立国家绿色发展基金等措施，动员社会资本投资绿色产业，扩大绿色项目的投融资能力。机构投资者通过对环境风险的压力测试，可提高分析环境风险的能力，合理评估环境风险，确定绿色项目的风险溢价，从而将资金投入环境效益较高的项目。

（四）环境外部成本内生化

环境外部成本内部化是推动国际绿色金融发展的重中之重。从政府的角度来说，可以通过为绿色项目提供补贴、减税、担保等方式将环境外部性内部化，同时完善本国环境保护相关法律，保证居民健康由于企业污染等环境因素受到损害时，能够通过法律渠道追索。

美国《超级基金法》（Superfund Law）规定了棕色地块治理费用承担者的承

---

① 翁智雄、察忠、段显明等：《国内外绿色金融产品对比研究》，《中国人口·资源与环境》2015 年第25 卷第6 期。

担范围和限度以及财政担保，并对揭发、检举非法泄漏危险物质行为的人给予奖励，对违法者处以罚款。《超级基金法》规定如果居民在若干年后由于之前的企业污染而受到健康损害，依然享有对当年污染企业的追索权。这部法律的颁布具有跨时代意义，促进环境负外部性内部化，抑制对污染项目的投资。

（五）环境信息披露公开化

在绿色金融的发展过程中，解决环境信息不对称的核心是加强环境信息的披露，降低投资者对绿色项目的“搜索成本”。加强环境信息披露可以从强制性和非强制性两方面展开。

就强制性而言，全球有超过 20 家证券交易所发布了上市公司环境信息披露要求，一些国家已引入环境信息披露的强制性要求。国家层面可通过立法机关完善本国法律体系，颁布环境披露相关法律，强制企业进行环境信息披露。

就非强制性而言，国家可通过加强公民教育、完善绿色金融宣传手段等方式搭建环境信息沟通平台，宣传绿色金融概念。当企业由被动披露环境信息转变为主动在环境信息沟通平台发布环境信息时，才能够形成环境信息沟通的良性循环。当绿色金融不再被当作特殊概念时，就说明整个金融体系已经是绿色的了。

（六）绿色知识共享化

在 G20 集团绿色金融研究小组的推动下，可持续银行网络计划将覆盖更多的国家，通过可持续银行网络可以对金融监管机构、银行业协会管理人员进行绿色信贷和环境风险管理方面的培训。在环境风险的分析方面，保险业对风险分析的知识储备和经验较多，而银行和信用评级机构等其他机构投资者的分析能力相对较弱，金融监管机构对环境风险的分析处于起步阶段。为了促进绿色金融的共同发展，金融业之间在环境与金融风险领域的知识共享就显得格外重要。①

（七）国际协作密切化

如今，拥有资金和先进技术的发达国家环境相对较好，缺乏资金和技术的发展中国家环境问题较为严重。根据《巴黎协定》，发达国家将继续带头减排，并

① 王遥：《绿色金融的国际发展现状及展望》，《海外投资与出口信贷》2016 年第 6 期。

加大对发展中国家在能力建设等方面的支持，帮助后者减缓温室气体排放和应对气候变化。在经济全球化的大背景下，实现经济绿色化转型和可持续发展是全球性议题，绿色金融发展过程中的资金、技术需求和供给不平衡将推动国际合作变得更为密切。另外，应大力寻求国际合作，扩大对外绿色投资的力度，并推动绿色资本市场对国际投资者开放，吸引国外资本投资国内绿色债券、绿色股票等产品。

第六章　北京绿色金融发展的战略选择

内容提要：北京市绿色金融发展要秉承新发展理念，从建立资源节约型、环境友好型社会和可持续发展的全局出发，立足北京市情和新时代特征，加快构建有北京特色的绿色金融组织体系、市场体系、产品体系和综合服务体系，强化对绿色金融的支撑，促进绿色信贷、绿色证券、绿色基金、绿色保险以及碳金融等绿色金融业态的发展和完善，有力助推北京绿色发展和生态文明建设，破解北京“大城市病”，促进首都迈向生态文明新时代。

中国特色社会主义进入了新时代。人民对美好生活的需要日益广泛，不仅对物质文化生活提出了更高要求，而且在民主、法制、公平、正义、安全、环境等方面的要求也日益增长。其中，优美的生态环境是人们美好生活的重要基础，也是人民群众的一大期盼。人民群众对改善生态环境的要求日益迫切。而绿色金融是改善生态环境、促进绿色发展的重要手段，应运而生，也应顺势而为。

一、新时代新要求

当前，世界经济形势错综复杂，我国发展长期积累的深层次问题凸显，经济运行面临较大的下行压力，资源环境制约突出。面对这样的压力，我们不能沿袭传统的粗放发展方式，而是应按照新发展理念，统筹抓好经济发展和生态环境保护。

抓好生态环境保护、解决环境污染问题的根本之策是加快形成绿色的发展方式。绿色发展是新发展理念的重要组成部分，与创新发展、协调发展、开放发展、共享发展相辅相成。绿色发展不是局部修补，而是全方位变革，是新时代构建高质量现代化经济体系的必然要求，目的是改变传统的“大量生产、大量消耗、大量排放”的生产方式和消费方式，使人口、资源、环境等相匹配、相适应，实现经济社会发展和生态环境保护协调统一、人与自然和谐相处。

必须深入推进供给侧结构性改革，促进产业结构优化升级，使经济社会发展更可持续、更具活力。重点是要培育壮大新兴产业，增强发展新动能；推动传统产业智能化、清洁化改造，不断提高发展质量和效益；加快发展节能环保产业，为解决生态环境问题提供必要支撑；推动能源生产和消费变革，提高能源清洁化利用水平。

但生态环境保护需要巨大的投入。世界经济论坛（2013）估计：到2030年，全球仅向能源、交通、建筑等绿色基础设施的转型，每年就需要增加相当于GDP总额1.5%左右的额外投资。新气候经济全球委员会预测：为将全球气温升高控制在低于2℃，未来在节能和清洁能源上每年需净增投资4万亿元。至于我国，绿色金融工作小组估计，“十三五”期间，要达到国家规划的改善环境的目标，我国绿色产业（包括环保、节能、清洁能源和清洁交通）所需年均投资至少为2万亿元。而由于财力所限，估计在全部投资中，未来几年政府财政出资只能占10%~15%，社会出资比重将占85%~90%。可见，一个有效的绿色金融体系是至关重要的。如果没有一个有效的绿色金融体系，环境投资需求将对政府财政构成很大压力，或者将无法得到足够的融资而难以完成污染治理和保护环境的目标。为此，必须按照市场经济规律，健全价格、财税、金融等经济政策，完善相关机制和手段，大力发展绿色金融。

发展绿色金融不仅有助于缓解环境问题对财政的压力，而且有助于加速产业结构、能源结构和交通运输结构的绿色转型，有助于启动新的增长点、提升经济增长潜力，也有助于维护我国负责任大国的国际形象。

正如本书第二章所介绍的那样，我国绿色金融发展从金融管理部门开始强调环境保护到绿色金融概念的正式形成，经历了20多年的演化过程。有关部门在引导绿色信贷方面做了许多工作，已经建立了绿色信贷的指引和统计指标体系，绿色信贷余额增长较快。绿色基金发展开始进入快车道。绿色证券势头迅猛。绿色保险逐步深入。另外，有7个地区开展了碳交易试点，全国统一的碳金融市场也已开始建设。这说明我国绿色金融体系早已开始建设。但这些努力距建立完整的绿色金融体系尚远，各方面工作总体上还呈碎片化状态，也还没有建立一个系统的框架，尚未形成合力，总体效率不高，效果不够大。

新时代要求我们，要顺应时代潮流和人民意愿，站在坚持和发展中国特色社会主义、实现中华民族伟大复兴的战略高度，促进绿色发展和生态文明建设。要以习近平新时代中国特色社会主义思想为指导，深入贯彻习近平生态文明思想，切实将环境保护和生态文明建设作为统筹推进“五位一体”总体布局和协调推进“四个全面”战略布局的重要内容，谋划开展一系列根本性、长远性、开创性工作，推动绿色发展和生态文明建设从认识到实践发生历史性、转折性、全局性变化。通过加快构建生态文明体系，确保到 2035 年节约资源和保护生态环境的空间格局、产业结构、生产方式、生活方式总体形成，生态环境质量根本好转，美丽中国目标基本实现；到 21 世纪中叶，生态文明全面提升，实现生态环境领域国家治理体系和治理能力现代化。

发展绿色金融，促进生态文明建设，应该以更宽阔的视野，充分借鉴发达国家的成功经验，构建一个更为完整、高效的绿色金融体系。通过设立国家绿色发展基金、拓展绿色信贷、绿色债券等金融产品，建立环境污染强制责任保险制度等，充分发挥金融对生态环境的支持作用。要坚持问题导向，突出改革创新，注重依法监管。要重点通过建立提高绿色项目的投资回报率、降低污染性项目的投资回报率、提高投资者和企业的环境责任感和消费者对绿色消费的偏好等机制，来提供激励绿色投资、抑制污染性投资的经济动力。为此，必须明确政府机构和市场主体职责，从机构建设、政策支持、金融基础设施和法律基础设施等方面，对发展绿色金融提供支撑。

二、北京绿色金融发展的指导思想、总体目标和思路

北京绿色金融发展要以习近平新时代中国特色社会主义思想为指导，坚持创新、协调、绿色、开放、共享的发展理念，深入贯彻落实习近平总书记视察北京重要讲话和在中央政治局常委会听取《北京城市总体规划（2016～2035）》编制工作汇报时的重要讲话精神，从建立资源节约型、环境友好型社会和可持续发展的全局出发，立足北京市情和新的时代特征，顺应新时代的新要求，继续大力推

动绿色信贷、绿色证券、绿色基金、绿色保险等金融业态的发展，完善环境权益交易市场，广泛开展绿色金融国际合作，加快构建有北京特色的绿色金融体系，助力绿色发展和生态文明建设，破解“大城市病”，推动京津冀协同发展，服务“一带一路”建设，为把北京建设成为绿色低碳生态家园、国际一流和谐宜居之都做出应有的贡献！

北京绿色金融发展的总体目标应为：到2020年，初步构建起基于绿色信贷、绿色债券、绿色上市公司、绿色基金、绿色保险、碳金融等在内的有一定国际影响力的绿色金融体系。

2020年以后，推动北京绿色金融向更深层次发展。可持续发展理念深入人心，绿色金融产品种类不断丰富，绿色金融市场快速发展，绿色金融服务体系更加健全，通过绿色信贷、绿色债券、绿色发展基金、绿色保险、碳金融等金融工具和相关政策支持经济向绿色化转型的制度安排更加完善，绿色金融有力助推北京绿色发展，促进首都走向生态文明新时代。

北京绿色金融发展的总体思路是构建完整的绿色金融组织体系，着力解决绿色金融的实践主体相对单一，公司治理结构不完善，发展绿色金融缺乏组织保障，绿色支行、绿色产业基金、绿色产业担保基金、绿色证券经营机构和绿色金融资产管理平台缺位的问题。

构建绿色金融市场体系，着力解决市场制度不健全、资本市场的环境准入机制不成熟，绿色金融覆盖面窄、中小企业难以实现环境融资等问题。

构建绿色金融产品体系，着力解决绿色金融产品种类少、结构单一、规模小，创新能力严重不足的问题。

构建多位一体的绿色金融综合服务体系，完善绿色金融基础设施建设，强化对绿色金融的支撑，着力解决信息不对称、信息沟通机制不到位、监管体系不健全以及绿色金融园区、绿色信用体系、环境效益和风险评估系统等缺位的问题。

加强绿色金融政策集成，建立财政贴息、财政担保和风险补偿、税收优惠、非税收入鼓励措施、货币和外汇政策等有机统一、联合激励的机制，着力解决政策的设计、执行、传导和反馈中存在的有效性不够的问题。

第七章　推进北京绿色金融发展的对策建议

内容提要：作为一项制度创新，绿色金融是推动绿色发展和生态文明建设的重要手段，其发展空间很大。推动北京绿色金融发展应立足北京城市功能定位，精准聚焦北京绿色金融发展存在的问题，着力在绿色金融组织体系构建、金融产品和服务创新、相关政策支持、基础设施建设以及国际合作等方面有所作为，推动绿色金融发展总体目标的实现。

绿色发展已经成为北京经济社会发展的主旋律，而绿色金融作为一项制度创新，是推动生态文明建设、实现经济社会可持续发展的重要手段。目前，北京绿色金融发展总体处于探索起步阶段，未来发展空间很大，应立足北京城市功能定位，精准聚焦绿色金融发展存在的问题，着力在绿色金融组织体系构建、金融产品和服务创新、相关政策支持、基础设施建设、绿色金融国际合作等方面有所作为，推动绿色金融发展总体目标的实现。

一、构建绿色金融组织机构体系

（一）强化组织保障，推动建立市级绿色金融工作协调机制

建议建立市级层面的绿色金融工作联席会议制度，由市政府分管金融工作机构的领导牵头，定期召开市金融局、市发展改革委、市经信委、市财政局、市环保局、人民银行营业管理部、银监局、证监局、保监局等相关部门和重点

金融机构、重点企业等参加的工作会议，统筹推进全市绿色金融的政策落实、监管协调、绩效评估、风险防范等工作。通过搭建信息平台和共享企业征信信息等方式，构建环保部门与金融监管部门、金融机构之间的信息沟通和共享机制。

（二）设立绿色银行专营机构，引导社会资本助力绿色发展

鼓励金融机构和民营资本发起组建绿色银行，通过投贷联动、股债结合等方式支持绿色项目，通过再贷款、发行金融债券、资产证券化等多种方式提高绿色融资放贷能力。支持各大银行在京设立绿色分支行，或参照“兴业银行模式”设立绿色金融事业部。鼓励银行大力培养绿色金融人才，制定符合绿色企业实际需求和项目特点的信贷管理制度，为绿色信贷审批开辟绿色通道，多措并举，持续扩大绿色信贷规模。支持银行业自律组织建立绿色信贷评价机制，在对主要银行先行开展绿色信贷业绩评价基础上，逐步将绿色银行评价范围扩大至中小商业银行。完善绿色信贷统计制度，加强绿色信贷实施情况的监测评价。

（三）设立北京绿色发展基金，完善 PPP 模式

绿色项目环保产业的低收益特性，使绿色发展基金对政府财政投入具有强需求。建议整合政府相关部门资金，设立北京绿色发展母基金或产业引导基金，充分发挥政府基金的杠杆和引导作用，以北京区域为中心、以京津冀地区为重点，投向绿色产业和绿色项目。引入合格的市场化机构进行投资管理，支持在政府相关领域绿色项目中引入 PPP 模式，将经济收益较低的绿色项目与相关高收益项目打包，建立公共物品绿色服务收费机制。探索政府与社会资本之间收益分享和风险共担机制。设立北京绿色产业担保基金，专项用于支持绿色产业融资担保，降低企业融资成本。

（四）探索设立北京绿色投资银行，助力绿色企业发展壮大

探索在北京设立为绿色企业提供全生命周期金融服务的现代绿色投资银行，为资本市场和需要投资的绿色企业牵线搭桥，助力不同成长阶段的绿色企业发展壮大。鼓励市属银行、证券等金融机构和市属集团财务公司开展绿色投资，支持绿色产业发展。

（五）推动绿色金融研究发展，大力培养和造就绿色金融人才

建立金融机构、科研院所、绿色环保企业工作交流机制，加强在绿色金融领域的工作交流，支持金融机构成立专门的绿色金融研究部门，着力开展绿色金融发展战略和绿色金融业务研究。支持在京高校进行绿色金融专业人才培养。研究绿色金融人才评价制度，完善绿色金融人才服务体系，对做出突出贡献的绿色金融人才，通过首都金融创新奖给予奖励。

支持北京绿色金融协会发展壮大，促进绿色金融行业自律发展。

二、鼓励绿色金融产品和服务创新

（一）鼓励绿色信贷产品创新

绿色信贷是金融支持绿色经济发展最重要的工具和手段。鼓励各大商业银行北京分行和市属商业银行根据自身特点，建立有利于绿色信贷创新的工作机制，在有效控制风险和商业可持续的前提下，推动绿色信贷流程、产品和服务创新。定期组织金融机构与绿色企业的金融需求对接会，全方位贴近企业需求，创新绿色信贷产品和方式：如积极研发能效贷款、节能减排专项贷款等；鼓励银行推广未来收益权质押融资、节能环保项目特许经营权质押融资、碳配额质押融资和排污权质押融资等创新业务；推广合同能源管理和合同环境服务融资。

（二）大力发展绿色债券

绿色债券可以用较低的融资成本为绿色信贷和投资提供资金来源，并减少期限错配的风险。加快推动分管在人民银行营业管理部、证监局和市发展改革委管理下的不同绿色债券发行认定标准、发行程序和资金使用规范实现统一。建议在统一标准之前以中国金融学会绿色金融专业委员会编制的《绿色债券支持项目目录（2015 年）》作为绿色债券发行审批与注册、第三方评估、评级以及相关环境信息披露的依据。支持市属金融机构在境内外发行绿色金融债券，以充实银行的绿色贷款资金，初期可借鉴中小企业专项金融债的发行经验，明确债券投向范

围，形成跟踪评价体系。支持符合条件的公司/企业发行绿色债券，研究制定鼓励公司/企业和金融机构发行绿色债券的激励政策，如设立专项资金支持公司/企业发行债券时的第三方认证费用，降低融资成本。加强绿色债券募集资金的使用监管，建议监管部门抓紧出台资金使用的具体要求，并建立债券发行后评价机制，对资金使用和项目的环保效果进行评估。支持地方政府发行绿色债券。

（三）支持符合条件的绿色企业上市融资和再融资

发展绿色产业是实现可持续发展的关键，通过市场化运作拓宽绿色企业融资渠道，激发绿色企业自身的活力对绿色产业发展至关重要。充分发挥资本市场和上市工作联动机制作用，对从事节能环保、新能源、新能源汽车等战略性新兴产业的绿色企业，加大上市培育支持力度，加快上市步伐。支持符合条件的已上市绿色企业通过并购布局绿色全产业链，通过增发等方式进行再融资。建立环保、社会责任与公司治理标准，加强对上市和拟上市企业的环境责任评价与信息披露。

（四）积极发展绿色保险

绿色保险作为一种市场化的风险治理机制，在防范和转移环境污染风险、提供风险损失补偿及为绿色企业增信等方面发挥积极作用。加快推动环境污染强制责任保险制度建设，根据环保要求拓宽环境污染强制责任保险范围，开展环境污染强制责任保险。借鉴小额贷款保证保险的经验做法，探索针对绿色小微企业的贷款保证保险，通过增信措施提高企业的融资能力。完善巨灾风险防范机制，确定合理的市政府再保险资金投入规模。鼓励保险机构充分发挥防灾减灾功能，运用互联网、大数据、云计算技术，研究建立面向环境污染责任保险投保主体的环境风险监控和预警机制。

（五）鼓励开发绿色资产证券化产品

探索高效率、低成本的抵质押权变更登记方式，推动绿色信贷资产证券化常态化发展。支持发行绿色项目收益债券和绿色资产担保债券。开发污水处理收费权等作为基础资产的证券化产品。推动编制北京绿色债券指数、北京绿色股票指数，支持金融机构以绿色指数为基础开发 ETF、私募基金等绿色金融产品。

三、完善绿色金融基础设施建设

（一）设立绿色金融功能区

一是建议在通州城市副中心布局设立绿色金融功能区。在绿色金融功能区开发、建设和运营阶段率先高标准强化节水、节能、节地和环境保护，积极推广使用清洁能源。二是按照《北京城市总体规划（2016～2035年）》对丽泽金融商务区“首都金融改革试验区”的定位，改善南北城在金融业发展方面的不平衡现状，借助丽泽金融商务区与金融街一体化发展的契机，依托金融街全国资金管理中心的强大功能，将绿色金融改革与试点作为丽泽金融商务区的重要功能之一，为绿色金融相关政策落地转化提供支持。三是更加注重中关村国家自主创新示范区和北京经济技术开发区绿色产业园区导向，鼓励绿色金融机构和中介服务机构落户园区，带动产业绿色转型。

（二）大力推进碳交易和排污权交易市场建设

国际经验表明，碳交易和排污权交易市场是降低减排成本、提高减排效率的重要金融基础设施。依托北京市碳排放权交易试点的成功经验和北京环境交易所各类资源优势，积极参与全国统一碳排放交易市场建设。鼓励研究开发碳保险、碳信贷、碳债券、碳资产证券化、碳期货等碳金融产品。推动碳资产抵质押融资，对碳减排项目下获得贷款的企业给予部分或全额贷款贴息。引导社会资本设立碳基金。支持开发京北地区碳汇项目。

依托北京环境交易所扩大排污权有偿使用和交易试点，建立服务京津冀和全国的排污权交易市场，以京津冀为重点，逐步完善碳排放和排污权的跨区交易。建议成立污染减排基金，撬动社会资本对环保的投入。支持北京产权交易所、北京环境交易所、电力交易中心等开发绿色资源产权、绿色技术产权、用能权交易等权益融资工具。完善环境权益定价机制，建立高效的抵质押登记及公示系统，降低环境权益抵质押物业务不合规的风险。发展环境权益信托、回购、保理、托管等金融产品。健全排污执法检测体系，提高违法成本。

（三）完善绿色信用评价体系

绿色评级和绿色征信体系是顺利开展绿色金融工作的基础，也是财政补贴、制定信贷和债券融资成本等政策的重要参考依据。

申请推行“银行绿色评价制度”试点。积极申请推行“银行绿色评价机制”试点，支持和引导市属银行等金融机构建立符合绿色企业和项目特点的信贷管理制度，加大对绿色、循环、低碳经济的支持力度，助力经济结构调整和产业转型升级。

组织专业力量对北京的各类银行业金融机构进行培训，力争在3年内建立较为完善的环境效益、风险评估和管理流程。鼓励金融机构开展环境风险的压力测试。明确信贷准入的环境标准和要求，提高绿色信贷的可操作性，帮助金融机构识别和界定“两高一剩”企业，压缩和退出高污染、高排放行业内落后生产能力。

完善绿色征信体系。加强与人民银行征信系统、金融监管部门、环境保护、安全生产、工业和信息化等主管部门与保险协会等社会组织之间的信息共享，将企业的污染排放信息、环境违规记录、安全生产、参保情况等信息纳入企业征信系统等信用平台，建立覆盖面广、共享度高、实时性好的绿色征信体系。充分发挥信用促进会等信用自律组织的作用，逐步建立守信激励、失信惩戒的信用环境。

（四）发展绿色双创平台

绿色领域的创业创新将是绿色发展的核心动力，完善的配套政策支持外，必不可少的是专业化的平台为创业者提供完善的服务，这不仅仅依托于传统意义上的孵化器，更需要打造全方位的支撑平台。因此，建议引入具有成熟模式的企业打造一体化绿色双创服务平台，其外延包括传统孵化、国际技术引进、技术研发支撑服务、知识产权运营、基金对接、项目资源对接、产业资源对接等。① 前述平台的搭建亦可为创业者提供资金支持、应用支持等。

（五）建立绿色项目库

根据党的十九大报告、《北京城市总体规划（2016～2035年）》和北京市

---

① 中央财经大学气候与能源金融研究中心：《北京市构建绿色金融体系研究报告》2016年7月。

“十三五”规划中提出的对绿色发展的要求，紧密结合城市副中心建设、新机场建设和冬奥会筹办，围绕京津冀协同发展重点领域和产业绿色转型的发展方向，着眼于解决大气污染、交通拥堵等“大城市病”，遴选一批环境效益显著的绿色项目，建立绿色项目库，并在全国性的资产交易中心挂牌，政府资金投入绿色项目优先从绿色项目库中选取。建议项目库纳入以下四类项目：一是传统产业绿色升级类；二是节能环保服务业类；三是战略性新兴产业类；四是绿色基础设施类。

（六）培育绿色投资网络

培育各类绿色机构投资者。引导创业投资、股权投资、养老基金、保险资金等各类机构投资者树立责任投资理念，投资绿色金融产品或绿色产业项目。鼓励投资人发布绿色责任投资报告。提升机构投资者对所投资资产涉及的环境风险和碳排放的分析能力，就环境和气候因素对机构投资者的影响开展压力测试。

四、强化绿色金融支持政策

（一）进一步完善财政贴息制度

财政贴息制度是用较少的财政资金撬动十几倍乃至几十倍社会资金的有效手段，也是激励银行扩大绿色信贷业务的有效方法。建议设立市级绿色贷款贴息专项资金，专门用于绿色企业或项目的贷款补贴，切实降低绿色融资成本。具体包括：扩大绿色贷款贴息资金占财政支出的比例，适当提高财政贴息率和贴息规模；科学合理划定贴息期限；对进入绿色项目库的项目简化贴息审批流程；申请由财政部门委托银行绿色金融事业部来管理贴息试点，并建立以贴息效果为评价标准的财政奖励制度。

（二）建立财政担保和风险补偿制度

建议财政注资成立信用担保公司，引入民间资本共同为绿色信贷业务提供担保服务。通过税收优惠措施降低绿色金融信用担保机构的运行成本。同时，财政设立信用担保风险补偿金，对支持绿色信贷的信用担保企业进行适当风险补偿。探索以地方财政在试点银行设立专户、存放风险保证金的形式，按一定比例、在一定限额内对试点银行发放的符合标准的绿色信贷所产生的风险损失进行补偿。

（三）加大税收及非税优惠力度

积极争取国家和市级财政、税务部门的政策支持，对认购绿色金融债的机构投资者，取得的利息收入部分免征企业所得税，也对绿色金融相关机构给予增值税减免等优惠政策。可以对各类金融机构开展绿色金融业务所征收的税收归属地方部分，通过奖励方式返还。对商业银行从事绿色信贷业务的部门缴纳银行业监管费、对从事绿色债券业务的金融机构缴纳证券业务监管费、从事绿色保险业务的保险公司及保险中介服务机构缴纳保险机构监管费和业务监管费给予适当减少或减免。

（四）鼓励创新风险分担机制

借鉴浦发银行等国内金融机构通过引入国际金融公司、世界银行、亚洲开发银行等国际金融机构合作建立风险分担机制的经验，创新风险分担机制。通过借助外部金融机构参与损失分担和评估的方式，增强国内金融机构的风险控制能力，扩大放贷范围和放贷规模。

五、尽快完善绿色法律保障

目前，我国绿色金融方面的法律法规尚不完善，与绿色信贷、绿色证券、绿色保险相关的法规制定还处于起步阶段。因此，要加快建立健全绿色金融法律框架和监管机制，市级层面积极申请相关试点。

（一）明确商业银行的环境法律责任

由于我国环境立法与金融立法中商业银行的环境法律责任缺失，在法律上应该尽快推动建立银行金融机构的环境法律责任。一是修订《商业银行法》，明确商业银行对所投资项目环境影响的法定审查、监督义务，也明确承担责任的情形、规则原则、责任方式、责任限度等。二是在修订的《商业银行法》颁布后，银监会和商业银行应当出台具体的条例，明确操作程序，指导和监督商业银行在贷款时履行环境审慎义务。三是增强环保部门的执法力度。建议赋予中央和地方环保执法部门在发生环境污染或形成环境损害及重大危险时，代表本辖区公众的环境权益向实际污染环境者和有过错的商业银行提出诉讼的权利。也可考虑由环保执法部门在面临环境损害及重大危险时对环境加以治理和恢复，之后再向实际污染者及商业银行索赔及追究其他责任。

（二）开展“上市公司和发债企业强制性环境信息披露制度”试点

积极申请开展“上市公司和发债企业强制性环境信息披露制度”试点，制定强制性的环境信息披露规定，要求上市公司和发债公司按披露标准对关键信息予以定量披露。发挥中介机构等对环境信息披露的评价、监督、引导和激励作用。强化环境信息披露的监管合作与执法。

（三）适时开展“环境污染强制责任保险”试点

我国2014年新修订并于2015年正式实施的《环境保护法》首次对投保环境污染责任保险做出规定，但仍然停留在“鼓励投保”层面。建议参照“美国、德国和俄罗斯”等国针对高环境风险企业或设备实行的强制投保做法，北京市积极申请“环境污染强制责任保险”试点。具体试点内容建议对环境污染责任保险的投保、承保、保险条款、保险费率、业务核算、费率调整机制、信息共享机制、赔偿、处罚规则、监管管理等方面的问题做出明确规定，且应将涉重金属等高环境污染风险企业纳入覆盖范围，明确参保名录。

六、加强绿色金融国际合作

在2016年杭州G20峰会上，我国作为主办国，首次正式将绿色金融纳入议题，并获得了全球共鸣。北京按照四个中心中国际交往中心的定位，充分发挥国际交往中心的作用，利用区域内金融资源和人才优势，积极参与国际绿色金融规则的制定，争取在全球绿色金融体系中拥有更大的话语权、参与权和主动权。积极推广可持续银行网络、赤道原则、责任投资原则等自愿准则，促进绿色金融能力建设。支持国际金融组织和跨国公司在北京金融市场发行绿色债券，支持在京金融机构和企业在境外发行绿色债券。支持亚洲基础设施投资银行、丝路基金、亚洲金融合作协会等在京国际金融组织通过“一带一路”倡议开展绿色金融国际合作，推动建设绿色金融国际合作组织。支持在京金融机构在“一带一路”倡议沿线地区率先布局，使用绿色融资工具筹集资金、开展绿色供应链管理和环境风险管理。

案例研究

兴业银行推动绿色金融发展的实践与启示

高　瞻

内容提要： 本书总结了兴业银行推动绿色金融发展的主要经验，包括绿色金融业务重点投向五大领域，设置专门的绿色金融业务部门，根据需求综合运用多种支持方式。继而指出银行推动绿色金融发展所遇到的问题主要是银行开展绿色金融的动力不足，银行面临较大风险，一些政府部门部署不到位，缺乏有效的沟通机制。最后，提出北京要进一步推动绿色金融发展，需加大政府财政扶持与引导力度，改进政府监管措施，搭建政府、金融机构、非金融企业三方高效对接平台，加大绿色金融的推广和宣传力度。

绿色金融是指为支持环境改善、应对气候变化和资源节约高效利用的经济活动，即对环保、节能、清洁能源、绿色交通、绿色建筑等领域的项目投融资、项目运营、风险管理等所提供的金融服务。目前，我国正处于经济结构调整和发展方式转变的关键时期，对绿色金融的需求不断扩大。国家“十三五”规划纲要提出建立绿色金融体系。2016 年，中国人民银行、财政部等七部委联合印发了《关于构建绿色金融体系的指导意见》。2017 年 10 月，北京市金融工作局、北京市发展改革委等八部门联合发布了《关于构建首都绿色金融体系的实施办法》，明确提出加快构建基于绿色信贷、绿色债券、绿色上市公司、绿色基金、绿色保险、碳金融等在内的绿色金融体系，是首都金融发展的战略方向，是构建“高精尖”经济结构的重要支撑。本书选取银行业内开展绿色金融的标杆——兴业银行作为剖析对象，对其推动绿色金融发展的典型做法、遇到的问题进行梳理和分析，并得出对北京发展绿色金融的启示。

一、兴业银行推动绿色金融发展的经验

兴业银行是国内绿色金融的先行者。从2005年开始，兴业银行联合国际金融公司探索国内绿色融资产品的设计以及相关业务开展的模式，2006年，兴业银行推出了国内首个能效项目融资产品。2008年，兴业银行成为国内首家正式采纳实施“赤道原则”① 的银行。之后，兴业银行相继在绿色信贷资产支持证券、绿色金融债等方面积极开展实践。截至2017年2月末，兴业银行集团累计为1万多家企业和项目提供绿色融资超过1万亿元，绿色金融余额超过5200亿元②，实现了经济效益与社会生态效益的双丰收。兴业银行在推动绿色金融发展方面主要形成了以下经验。

（一）绿色金融业务重点投向五大领域

兴业银行根据当前环保形势和绿色产业发展情况，将水资源利用和保护、土壤污染治理（固废处理）、大气污染治理、清洁能源和可再生能源、公园和景区管理五大领域作为集团绿色金融的重点业务领域。其中，兴业银行在水资源利用和保护领域取得了很大的成绩，形成了绿色金融“嘉兴模式”。主要做法包括：兴业银行与嘉兴市政府签订《关于合作推进嘉兴市“水环境综合治理”的战略合作协议》，承诺提供200亿元综合授信额度，并积极推动当地环保和水污染治理先进技术推广应用，扶持低碳、绿色、环保经济的发展；与嘉兴市政府合作推出排污权抵押授信业务；创新产品服务，综合运用绿色信贷、非标债权融资、绿

---

① “赤道原则”是由世界主要金融机构根据国际金融公司和世界银行的政策和指南建立的，旨在判断、评估和管理项目融资中的环境与社会风险的一个金融行业基准。

② 兴业银行打造一流绿色金融集团：http：//bjsite. sohu. com/20170418/n489178922. shtml? qq - pf - to = pcqq. c2c，2017 -4 -18。

色租赁、绿色债券、产业基金等多元化产品为水务企业提供绿色金融融资。[①] 在土壤污染治理领域，兴业银行为环保公司提供长短期结合、表内外结合、母子公司结合的一体化金融服务方案；针对政府资金注入滞后于项目进度所导致的公司资本金不足问题，以及不改变公司股权架构的需求，运用类永续债解决资金不足问题；发行3年期理财直接融资工具；短期授信。[②] 在清洁能源和可再生能源领域，兴业银行为支持光伏发电等绿色产业项目，发行上百亿元的绿色金融贷，进一步降低了项目融资成本。光伏装备制造业方面，兴业银行基于互联网技术的经营，不仅为客户提供更便利的支付结算服务，还为核心企业共享上下游客户交流信息，为上下游提供在线融资服务，降低上下游企业融资成本。[③]

（二）设置专门的绿色金融业务部门

一是设立专营机构。兴业银行总行和30多家分行均设有绿色金融部，很多分行还设有绿色支行。每家一级支行均有专门的产品经理负责绿色金融业务，并指导二级支行具体的业务开展。

二是设立专门的审批部门。围绕水、土、气、能、景、环境成本六大类，总行设有专门的评审处室，评审处室的人员是由从各部门调入的专业人员组成。业务审批以主流的商业银行审批流程为主，同时嵌入环境要求，比如按赤道原则评审环境社会风险，对于不符合要求、整改不达标的企业，兴业银行要提前收回资金支持。

三是设立培育部门。兴业银行深圳分行制定了培育绿色金融客户的机制。该行对企业年销售收入设定了门槛值，达不到门槛值的企业暂时无法获得兴业银行绿色金融的支持。这部分客户由中小企业部负责推荐使用其他金融产品。通过这种做法，先把这些企业引进来，让其在兴业银行中扎根，然后再分块培养，对具有潜质的企业引导至绿色金融领域。

（三）根据需求综合运用多种支持方式

1. 信贷支持

绿色专项信贷方面，兴业银行总行每月划出几十亿元至上百亿元的资金投向

① 新《水防法》实施在即兴业银行金融注入活水，信息咨讯：http：//www. bj. xinhuanet. com/hbpd/jrpd/jrpd/2017 -07/13/c_ 1121313858. htm，2017 -7 -13。

② 绿色金融产品与案例：http：//www. cib. com. cn/cn/aboutCIB/social/product. html。

③ 周伟：《兴业银行为光伏产业发展注入新动能》，http：//blog. sina. com. cn/s/blog_ 4462623d0102wt7g. html，2016 -9 -13。

绿色金融。这部分信贷资源需要分行或支行向总行申请。总行对上报的项目进行评估，优先对好项目进行支持。总行向分行或支行拨款后，会对款项的使用情况实行动态管理。如果款项使用得慢或者基本无进展，则在下一个月总行会把这笔款项中的一部分甚至全部划拨给其他亟须资金的分行或支行，由此提升了信贷资金的投放效率。授信支持方面，兴业银行的很大一部分客户群体是承担了政府平台项目的企业，这些企业能够享受到政府的政策扶持。① 兴业总行会给这些企业区别于其他企业的授信支持，贷款的抵押率可以达到150%或200%（银行贷款抵押率通常为70%）。配额抵押贷款方面，企业可以将碳排放配额拿到兴业银行抵押，兴业银行根据估值②提供融资。这是企业盘活环境权益资产的一个重要手段，尤其为缺乏抵押品的中小企业增加了抵押权的种类。风险分担方面，重点支持中小微企业，信贷领域增设了损失分担的业务品种，当投放项目发生不良贷款，兴业银行与国际金融公司各承担一半损失。

2. 非信贷支持

包括债券、投资银行、金融市场、租赁、信托、基金等。以债券为例，兴业银行根据商业银行净资产规模确定发债规模投资于绿色金融领域。发行绿色金融债的成本比发行理财产品等要低，为向绿色领域投放资金提供直接的、低成本来源。另外，兴业银行各分行可以承担企业绿色债券的承销和发行。以资产证券化为例，兴业银行将资产证券化应用到水电领域，与民营水电行业的龙头企业合作开发水电项目，把该企业在国内未来水电收益打包，向企业发放贷款。以基金为例，2016年，基于煤炭开采后、许多地方出现矿塌陷等，兴业银行与山西省政府共同建立了一个环境治理的PPP基金。以结算和清算为例，兴业银行与7个碳交易试点城市均有合作，碳交易试点城市做前台交易量的结算和清算，兴业银行做后台资金的结算和清算。

---

① 具体包括：一是市财政和区财政的贴息支持。这项政策门槛不高，能够惠及的企业群很大。根据企业发展历程、效益等，有的企业能够享受全贴息，有的企业能够享受部分贴息。二是无偿资助。政府根据项目情况提供无偿资助，资助金额为200万元或300万元以内。三是政府成立各种基金对企业项目进行支持，通常所支持的是1000万元以上的大项目。

② 一级市场的配额总额将自然可以消纳的污染物的排放量总量作为上限，根据总额及企业对GDP的贡献等确定企业配额，企业在限度内合法排放，同时有减排要求。企业通过配置设备减排，或是通过二级交易市场买其他企业的配额。配额通过交易市场评估出价值，可以拿到兴业银行抵押。兴业银行也可提供贷款让企业去买配额。

二、银行在推动绿色金融发展方面遇到的问题

一是银行开展绿色金融的动力不足。绿色项目普遍存在前期投入大、回报期长、收益较低或不确定、风险高等特点，而金融机构是逐利的、规避风险的，在缺乏完善的风险分担和补偿机制，以及财政贴息力度不足的情况下，银行投放绿色信贷的积极性会受到影响。

二是银行面临较大风险。一些企业通过伪造财务报表、捏造绿色项目骗取银行贷款，融到资却未投到绿色项目中去，即“洗绿”“装绿”。另外，政策变动会给银行带来损失。例如，《关于进一步规范地方政府举债融资行为的通知》与《关于坚决制止地方以政府购买服务名义违法违规融资的通知》相继出台后，无论银行提供融资支持的项目是否违规，地方政府均须撤回之前出具给银行的担保承诺。

三是一些政府部门对绿色金融的认识不足，相关部署不到位。绿色金融在北京尚处于起步阶段，相关的配套政策还不能适应绿色金融发展的需要。相关主管部门更多的是关注限制“两高一剩”企业的信贷投放和加强信贷支持节能减排等方面。比如，兴业银行想在汽车尾气治理领域拓展绿色金融业务，但是找不到可以合作开展此事的政府部门。

四是缺乏有效的沟通机制。金融机构、非金融企业有关绿色金融如何开展的建议不一定能够及时、有效地向政府反馈；政府的政策意图也不一定能及时、有效地为金融机构、非金融企业所了解；金融机构与非金融企业之间还缺乏即时、有效的沟通。例如，一些全市重大项目需要金融机构之间进行合作，但目前金融机构之间还缺乏即时沟交流的平台和渠道。此外，由于央行征信系统所覆盖的企业环境信用信息范围较窄，金融机构、非金融企业之间存在信息不对称的问题。

三、对北京发展绿色金融的启示

（一）加大政府财政扶持与引导力度

一是加大绿色贷款和企业发债的财政贴息力度。借鉴深圳的经验，市政府设立专项补贴资金，对单笔贷款和企业普通发债设定贴息比例和补贴期限。减少对绿色贷款和企业发债的贴息限制，对单个项目设置上限，对单个企业不设置上限，并简化审批流程。二是设立专项资金对绿色金融方面的创新给予补偿和奖励，以推动银行针对客户需求加强产品、业务方面的创新，尤其鼓励银行加强在PPP、环境污染第三方治理、环境权益交易市场等领域专业产品的创新和应用。三是加强设立由政府牵头，与金融机构和非金融企业等共同出资的贷款风险补偿基金，降低银行贷款风险。四是推动国有绿色融资担保机构的建立和发展，建立担保业务风险补偿机制及相关考核机制，以此提升绿色担保的专业性和规范性。

（二）改进和完善政府监管措施

一是进一步鼓励银行建立绿色金融支行或绿色金融事业部等，对信贷发放规模、债券发行量、风险控制、绩效等方面实行差别化的管理、监督、考核。二是监管常态化。借鉴深圳市政府的经验，设立产业化项目专家委员会，对于项目库中的企业项目，定期进行现场验收，验收通过的项目才能继续实施并获得财政支持、银行贷款等。三是通过制定法律法规明确行业标准、指标设计、社会责任等约束性指标，指引金融机构、非金融企业、中介机构等守法经营，让政府监管有据可依。四是强制要求上市公司和发债企业定期发布社会责任报告，披露环境风险控制、环境污染治理、企业产品或服务的环境影响等方面的信息。

（三）搭建政府、金融机构、非金融企业三方高效的沟通对接平台

一是建立快捷的企业绿色项目申报平台，完善信用评级功能，实现企业把项目资料输入网站，便可直接获得网站给出的评级结果，企业持评级结果即可去银行申请贷款的高效模式。二是打造绿色金融信息平台。政府定期召集非金融企业

与金融机构举行项目对接会，搭建政府、金融机构、非金融企业三方对接诉求的平台，促使商业银行等金融机构组团共同开发重大项目。市银监局与市环保局签订信息互通备忘录或是共享协议，环保部门定期发布企业环境违法信息记录，金融机构定期发布相关企业信用信息，实现企业环境信用信息共享。

（四）加大对绿色金融的推广和宣传力度

一是加强金融主管部门与其他政府部门之间的沟通，在政府部门中加强绿色金融相关知识的学习、培训，进一步提升各委办局的环保意识以及通过与金融机构合作开展环境、生态治理的意识，从而推动相关配套政策的制定与出台。二是通过组织沙龙、培训等，为金融机构提供了解绿色金融的新形势、新特点，学习先进的环境风险评估、预警技术以及风险管理经验的平台和渠道，以此提升金融机构开展绿色金融业务的能力。三是通过制定组织宣讲团等多种措施，加强绿色金融政策在企业、科研机构、社区等的宣传，在全社会进一步普及环保意识，倡导绿色消费，形成支持绿色金融发展的良好氛围。

北京汽车股份有限公司绿色债券发行案例分析

宁子涵

内容提要：我国绿色债券市场于2016年正式启动后，当年发行规模占同期全球发行规模的39%。北汽2016第一期绿色债券“16京汽绿色债”是首只面世的绿色企业债券，也是首只H股上市公司发行的境内企业债券。这只绿色债的发行是我国绿色金融市场发展的重要里程碑，标志着绿色债券从制度框架到产品落地，拓展了新的绿色融资渠道，也进一步丰富了国内资本市场的债务融资工具。

在绿色金融的实践中，绿色债券无疑是最成功的和最具有代表性的案例之一。2016年我国绿色债券市场正式启动后，其发行规模迅速增长，在2015年发行量接近为零的基础上，2016年发行规模一跃突破了2000亿元大关，而同期全球绿色债券发行量为810亿美元（折合人民币约5590亿元），我国当年的发行规模占到了其中的39%，仅一年时间我国一举成为全球最大的绿色债券市场。[①]

绿色债券是收益专款专用于绿色项目的债券。绿色债券可以由公司实体、中央和地方政府及开发银行发行，并由机构投资者或散户投资者购买。随着金融市场日趋成熟，债券在中国将成为日益重要的融资工具。低碳经济所需的投资规模，需要债券市场和机构投资者的共同行动。为此，我们专门与海通证券固定收益部的同志进行了会谈，深入调研了绿色债券在我国的发行现状以及存在的问题，拿到了很多的一手资料，并整理出了典型的代表性案例，对未来绿色债券的发展提出了一些可操作的意见和建议。

一、绿色债券发行进入黄金期

（一）绿色债券迎来政策环境的春天

中国领导人已明确表示认可绿色债券所带来的机遇。作为金融改革的一部分，债券市场需要不断的丰富和扩展，引导债券市场进一步服务绿色产业健康有序发展，助推中国经济发展方式转变和经济结构转型升级，为环保企业开辟市场助一臂之力。

2015年12月，为进一步推动绿色发展，促进经济结构调整优化和发展方式加快转变，国家发展和改革委员会制定了《绿色债券发行指引》（发改办财金〔2015〕3504号）。目标旨在发挥企业债券融资作用，加强与相关部门在节能减排、环境保护、生态建设、应对气候变化等领域项目投融资方面的协调配合，破解资源环境瓶颈约束，加快建设资源节约型、环境友好型社会。

2017年的《政府工作报告》中提出“要大力发展绿色金融”。引入绿色债券可以优化债券市场的结构，增加市场上的长期资金供给，给公司实体在绿色环保方面提供融资，提升公共资本的有效性。

2017年3月，全国“两会”，即中国人民政治协商会议第十二届全国委员会第五次会议和中华人民共和国第十二届全国人民代表大会第五次会议召开之前，

① 兴业经济研究咨询股份有限公司：《兴业债券市场研究》2017年10月。

中国证监会发布《关于支持绿色债券发展的指导意见》（以下简称《指导意见》），这一被业内人士称为“绿色新政”的指导意见提出，鼓励各机构发行的产品投资绿色公司债券，鼓励投资机构开发绿色金融产品，证监会将对绿色公司债即报即审。

表 1　2017 年以来绿色债券的相关政策梳理

政策事项	发布日期	发布单位	政策主要内容
中国证监会关于支持绿色债券发展的指导意见	2017 年 3 月 2 日	中国证监会	确认“绿色通道”“即报即审”的便利；首次对评估认证机构建设、业务规范和行业自律等方面提出明确要求；鼓励各市场主体及管理的产品投资绿色公司债券；要求定期发布“绿色债券公益榜”
非金融企业绿色债务融资工具业务指引	2017 年 3 月 22 日	中国银行间市场交易商协会	首次要求发行前披露项目环境效益；要求绿色评估认证机构的信息披露；首次鼓励第三方机构披露绿色程度；明确绿色债务融资工具可纳入绿色金融债券的投资范围；明确开辟绿色通道

2015 年末以来，中国人民银行、国家发改委出台的关于规范绿色债券发展的公告及指引，奠定了我国境内绿色债券市场发展的政策基调，保障了 2016 年以来境内绿色债券市场的平稳有序和快速发展。进入 2017 年以来，证监会、中国银行间市场交易商协会等推出了关于绿色公司债的指导意见和绿色债务融资工具的业务指引等政策措施细则，绿色债券配套的监管制度日趋完善。

中国人民银行研究局首席经济学家、中国金融学会绿色金融专业委员会主任马骏此前公开表示，绿色债券是为中长期绿色项目融资的一个重要的金融工具，虽然近年来已呈快速增长，但在中国和全球都还有很大的发展空间。

（二）2016 年是绿色债券发展的元年

2016 年是中国贴标绿色债券市场元年①，自 2016 年 1 月浦发银行发行了首单绿色金融债以来，众多金融机构与企业积极参与到这个新兴市场中。

① 获得相关债券发行审批部门的认可，允许债券的名称中带有绿色字样的债券。

2016 年中国债券市场上的贴标绿色债券发行规模达 2052.31 亿元（约合 297.17 亿美元），包括了 33 个发行主体发行的金融债、企业债、公司债、中期票据、国际机构债和资产支持证券等各类债券 53 只。其中有 29 个主体发行了 49 只，共计 1985.3 亿元的绿色信用债；43 个主体发行了 4 只，共计 67.01 亿元的绿色资产支持债券。①

表 2　2016 年绿色债券分类发行情况

类别	绿债发行额（亿元）	绿债发行只数	平均单笔融资额（亿元）
金融债	1550.00	21	73.81
企业债	140.90	5	28.18
公司债	182.40	14	13.03
中期票据	82.00	8	10.25
国际机构债	30.00	1	30.00
资产支持证券	67.01	4	16.75
合计	2052.31	53	38.72

目前，中国绿色债券市场主要涉及 6 个债券种类，其中绿色金融债发行 21 只共计 1550 亿元，无论是发行额、发行只数或是平均单笔融资规模都是最高的，这一方面说明金融企业有为支持绿色信贷而产生的融资需求，另一方面也体现出以商业银行为代表的金融机构其履行社会责任的意愿更强。

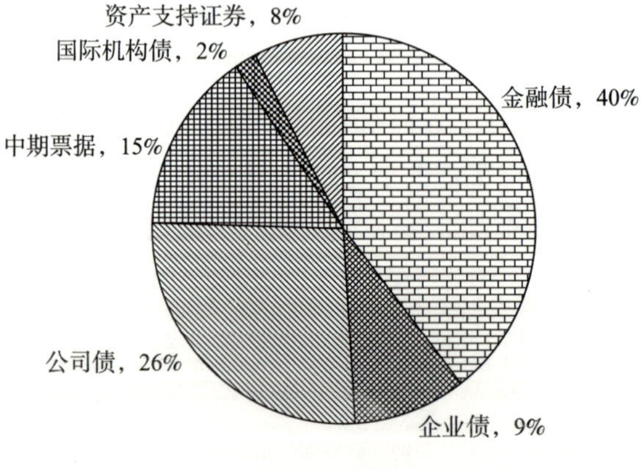

图 1　2016 年各种类绿色债券发行只数占比

① 转引自中央财经大学绿色金融国际研究院绿色债券实验室：史英哲、李勐。

从发行只数角度看，绿色金融债虽然占比依旧最高，但是各债券种类的比例差距有所减小，如我们所知公司债、企业债、中期票据其资金募集主体是实际有需求的绿色公司或是进行绿色项目建设的公司，这部分企业是实现中国经济绿色发展的根基，这几类债券的发行只数比例达到58%说明绿色企业或者建设绿色项目的企业参与度较高，中国绿色债券市场可以说已初步实现了对绿色发展的支持。

二、全国首单绿色债券北京汽车“16京汽绿色债01”

2016年4月15日，北京汽车股份有限公司在上海证券报发布公告其申请发行的2016年北京汽车股份有限公司绿色债券（简称“16京汽绿色债01”）已通过发改委审批并开始发行。这是国家发展改革委《绿色债券发行指引》颁布后的全国首单绿色债券。

（一）发债主体介绍：北京汽车股份有限公司

北京汽车股份有限公司是根据北京市人民政府国有资产监督管理委员会（以下简称“北京市国资委”）〔2010〕199号文件批准，由北汽集团、北京首钢股份有限公司、北京国有资本经营管理中心等共同发起设立的股份有限公司。公司于2014年12月在香港联合交易所主板上市，证券代码为“1958”。截至2017年9月，公司控股股东为北汽集团，实际控制人是北京市国资委，公司股东情况如表3所示：

表3　北京汽车股份有限公司股权结构

股东名称	占已发行普通股比例（%）
北汽集团	44.98
北京首钢股份有限公司	13.54
戴姆勒	10.08
深圳市本源晶鸿股权投资基金企业（有限合伙）	4.50
易颖有限公司	3.67

北京汽车是北汽集团打造乘用车生产平台，公司拥有技术平台先进且销售快速增长的北京品牌业务，历史悠久且销售业绩快速增长的梅赛德斯—奔驰豪华车业务以及销售业绩稳健的现代中高端品牌业务（见表4）。2014 年，北京汽车自主品牌和合资品牌合计完成整车销量 157.52 万辆，同比增长 16.8%，其中，北京品牌全年销量 30.96 万辆，增速超 50%；北京奔驰完成整车销售 14.55 万辆，同比增长 25.4%；北京现代完成整车销售 112.00 万辆，同比增长 8.7%。

表4　北京汽车主要产品

企业名称	下属经营单位	主要产品	类别
北京汽车	株洲分公司	威旺系列	交叉型乘用车
		绅宝 D20（原 E 系列）	轿车
	北京分公司	绅宝系列	轿车、SUV
	广州公司	绅宝系列	轿车、SUV
北京奔驰	—	奔驰 E 级	轿车
		奔驰 C 级	轿车
		奔驰 GLK 级	SUV
		奔驰 GLA 级	SUV
北京现代	—	全新胜达、名图、第九代索纳塔、IX25、IX35、朗动等	轿车、SUV

本期企业债券拟募集资金 25 亿元，其中 15 亿元用于北京汽车株洲基地新能源车及节能环保车的技改扩能建设项目，10 亿元用于补充营运资金。具体为新建冲压车间、焊装车间、涂装车间、总装车间、PDI 车间等主要生产车间以及尾气检测间、发运中心、供液站、油化库、综合站房、污水处理站、110kVA 降压站、废料棚、试车跑到、成品车停车场、在线检测间、厂区大门等辅助生产部门及公用设施等。根据北京汽车总体发展规划，北京汽车株洲基地技改扩能建设项目拟生产自主研发的 C40D 乘用车及同平台 C40DB 电动车车型。项目建成后，北汽株洲基地将成为以 50 万辆整车（包括乘用车、新能源车）为龙头，以汽车零部件、汽车物流、生产及生活服务为配套服务的功能综合、产业链完善的汽车生产基地。该生产基地作为北京汽车自主品牌乘用车首个战略基地，是北京汽车“立足北京，辐射全国，走向世界”战略布局的重要成果，同时，为新能源车的开发生产奠定基础，为北京汽车对新能源车板块的未来发展搭建平台，推进新能源车的生产研发，符合北京汽车的战略规划。

（二）全国首单绿色债券北京汽车“16 京汽绿色债 01”

“16 京汽绿色债 01”募集资金总额为不超过 48 亿元，其中 25 亿元用于北京汽车股份有限公司株洲基地技改扩能建设项目，主要用于技术改造、扩大产能，23 亿用于补充营运资金。其中，首期发行 25 亿元。值得一提的是，“16 京汽绿色债 01”从接收材料到获批不到 10 个工作日，充分体现了国家发展改革委支持绿色债券发行的态度。

北京汽车股份有限公司株洲基地技改扩能建设项目拟生产北汽自主研发的小排量节能型乘用车及同平台电动车车型。补充发行人营运资金的部分主要用于北京汽车新能源及节能环保型汽车的研发，以减缓汽车尾气对于城市空气的污染。

“16 京汽绿色债 01”的发行是我国绿色金融市场发展的重要里程碑，也使国内资本市场债务融资工具不断丰富。前期市场投资人的调研和询价显示，市场主流投资机构都表示出对本期绿色债券的认可，这意味着债券的发行成本有望比同期发行的一般债券更低。随着未来市场对于绿色债券的配套政策能够逐步健全，有关部门逐渐落实贴息、减税政策，绿色债券的成本优势将更加明显，更加有效地将社会资金配置到节能环保产业中去。

（三）债券要素介绍：发债总额 25 亿元，7 年期，利率 3.45%

债券名称：2016 年第 1 期北京汽车股份有限公司绿色债券（简称“16 京汽绿色债 01”）。

本期发行总额：不超过人民币 25 亿元整。

债券期限：7 年期，第 5 年末附设发行人调整票面利率选择权或投资者回售选择权。

债券利率：固定利率。在债券存续期内前 5 年票面年利率为 Shibor 基准利率加上基本利差。Shibor 基准利率为簿记建档日前五个工作日全国银行间同业拆借中心在上海银行间同业拆放利率网（www. shibor. org）上公布的一年期 Shibor（1Y）的算术平均数（基准利率保留两位小数，第三位小数四舍五入）。本期债券在债券存续期内前 5 年的最终基本利差和最终票面利率将根据簿记建档结果，由发行人和簿记管理人按照国家有关规定协商一致确定，并报国家有关主管部门备案，在债券存续期内前 5 年固定不变。在本期债券存续期的第 5 年末，如发行人行使调整票面利率选择权，未被回售部分债券票面年利率为债券存续期前 5 年票面年利率加上调基点（或减发行人下调的基点），调整幅度为0至300个基点（含本数，其中一个基点为0.01%），存续期后2年固定不变。本期债券采用单利按年计息，不计复利，逾期不另计利息。

还本付息方式：每年付息一次，到期一次还本，最后一期利息随本金的兑付一起支付。

发行方式：本期债券以簿记建档、集中配售的方式，通过承销团成员设置的发行网点向中国境内机构投资者（国家法律、法规另有规定除外）公开发行和通过上海证券交易所向机构投资者公开发行。

发行范围及对象：在承销团成员设置的发行网点的发行对象为在中央国债登记结算有限责任公司开户的中国境内合格机构投资者（国家法律、法规另有规定的除外）；在上海证券交易所的发行对象为在中国证券登记结算有限责任公司上海分公司开立合格基金证券账户或A股证券账户的机构投资者（国家法律、法规禁止购买者除外）。

发行价格：本期债券面值100元，平价发行。以1000元为一个认购单位，认购金额必须是1000元的整数倍且不少于1000元。

债券形式及托管方式：本期债券为实名制记账式企业债券，在中央国债登记公司及中国证券登记公司上海分公司登记托管。

债券担保：本期债券无担保。

信用评级：经大公国际资信评估有限公司综合评定，发行人主体信用等级为AAA，本期债券信用等级为AAA。

流动性安排：在本期债券发行结束后，公司将就本期债券向有关证券交易场所或国家有关主管部门提出上市或交易流通申请。

承销团成员：联席主承销商为海通证券股份有限公司和中国工商银行股份有限公司，分销商为华泰联合证券有限责任公司和国信证券股份有限公司。

债权代理人：海通证券股份有限公司。

“16京汽绿色债01”经簿记建档，债券利率最终定为3.45%，比当日5年期AAA非金融企业债务融资工具定价估值4.07%低了62BP，比当日5年期AAA信用债收益率曲线数值3.56%低了11BP，甚至比当天二级市场中中国石油、中国兵器等央企5年债的成交收益率还低。绿色债的低利率发行并不是偶然，“绿色概念”即是最大的安全保障，债券资金投向节能环保等产业方向使债券安全性相对更高。

三、首单绿色债券发行具有里程碑意义

北汽 2016 年第 1 期绿色债券是首只面世的绿色企业债券，也是首只 H 股上市公司发行的境内企业债券。绿色债券为加快绿色产业发展、推动绿色项目建设增加了新的直接融资渠道。特别是允许上市公司及其子公司发行绿色企业债，符合北京上市公司多的特点。北京汽车作为香港联交所主板上市的公司，新能源汽车板块发展很快，需要多元化的融资工具支撑企业发展。该债券实现了绿色债券从制度框架到产品落地，拓展了新的绿色融资渠道，在我国绿色金融体系建设中具有重要的里程碑意义。

我国正处在经济转型的关键时期，生态文明建设步伐明显加快并将催生出巨大的绿色融资需求。根据国务院发展研究中心金融研究所估计，中国绿色产业的年投资需求在 2 万亿元人民币以上。相比商业银行发行的绿色金融债券转贷给绿色项目的间接融资模式，绿色企业债券作为直接融资方式支持绿色项目，更凸显了资本市场资金配置的效率。

2015 年以来，国家发展改革委进一步改革企业债券监管方式，针对绿色债券等重点领域，出台了若干个专项债券指引。在属于“加快和简化审核类”的专项债券中，绿色专项债的改革创新力度尤为突出。除了首度鼓励上市公司及子公司发行外，绿色企业债还将债券募集资金占项目总投资比例由最高 70% 放宽至 80%，将债券募集资金用于偿还银行贷款和补充营运资金的比例从 40% 提升至 50%。且规定主体信用评级 AA + 且运营情况较好的发行主体，可使用募集资金置换由在建绿色项目产生的高成本债务，为更广泛领域的绿色低碳企业改善融资结构、降低融资成本提供了制度红利。

四、绿色债券市场建设政策建议

通过与海通证券座谈调研，普遍认为绿色债券市场虽然发展较快，取得了瞩目成绩，但同时还存在不同部门的指引目录标准不统一、财政支持较少、缺乏独

立第三方绿色认证机构等问题。

（一）不同指引有待彼此统一

2015 年 12 月 22 日，中国人民银行发布绿色金融债 11、债券公告 12（以下简称《公告》）和《绿色债券支持项目目录》（以下简称《目录》），为金融机构发行绿色债券提供了制度指引。

2016 年 1 月 13 日，国家发改委印发《绿色债券发行指引》（以下简称《指引》），界定了绿色企业债券的项目范围和支持重点，公布了审核条件及相关政策。

不同监管机构的绿色债券指引其侧重点是不同的。中国人民银行的《公告》侧重于界定绿色项目类别，在项目划分、条件界定、募集资金管理、信息披露、第三方认证等具体方面要求更加细致，适用于银行间和交易所市场；国家发改委《指引》侧重于明确政策支持绿色项目的重点领域，给出方向性的指引，在激励优惠方面提出多项具体措施。

中国人民银行的《目录》和国家发改委《指引》均明确了绿色项目的界定范围，但对绿色项目认定的标准有一定差异。《指引》中明确了十二个项目类别，《目录》列明了六个项目类别。《目录》作为我国首个专门针对绿色债券界定和分类的文件，在项目划分和条件界定等方面更加细致和专业，且在实践中的应用更广泛。沪深两大证券交易所在《通知》均表示绿色产业项目范围可以参考《目录》加以确定。此外，《目录》和《指引》均遵循开放性和动态性原则，将根据实际情况，适时对绿色项目及绿色债券的支持范围进行调整。

不同指引需要彼此统一。目前，国家发改委允许债券 50% 的募集资金用于偿还银行贷款和投向运营资本。这与中国人民银行的指引或国际绿色债券市场的实践不一致，即要求债券募集资金全部用于绿色项目（国际投资者最多允许 5% 的募集资金用于涵盖债债券有关交易成本）。彼此统一将提高绿色债券发行的可操作性，提供发行审批便利，并为中国和国际市场带来更好的可比性和一致性，这对于中国市场具有积极的影响。

（二）对绿色债券予以财政支持

灵活运用财政贴息等手段支持绿色债券发展。由于绿色项目周期长且前期具有较高的成本，绿色债券产品对财政贴息有很大需求，建议对绿色项目实施价格补贴、财政贴息和投资补助等优惠措施。对于发行人，可探索由符合条件且具有意愿的地方政府推行绿色债券财政贴息和专项担保基金，以地方政府为主导，根据地方产业布局和财政实力的具体情况，选择适当领域进行试点。设定适当的贴息和担保比例，给予社会资本更为稳定的预期，在耗费较低财政成本的条件下撬动更多的私人资本投入绿色产业。同时，要加强绿色债券存续期的信息披露和资金投向跟踪，确保发行人行为的规范性和资金使用的绿色化，避免道德风险，高效、廉洁的支持绿色金融的发展。

通过增值税返还的方式鼓励机构投资者认购绿色金融债。积极争取国家财政部、国家税务总局的政策支持，对认购绿色金融债的机构投资者，取得的利息收入部分免征企业所得税。在营业税改增值税后，对绿色金融相关机构给予增值税减免等优惠政策。可以对各类金融机构开展绿色金融业务所征收的税收归属地方部分，通过奖励方式返还。

（三）建立独立的第三方绿色认证机构

北京市目前还没有成立独立的绿色认证机构，绿色债券的发行缺乏权威的第三方认证。建议以中国金融学会绿色金融专业委员会编制的《绿色债券支持项目目录（2015 年）》为绿色债券发行审批与注册、第三方评估和绿色债券评级以及相关环境信息披露的依据。建立债券发行后评价体系，对绿色债券评级，评定事前是不是“绿”，事后是不是把资金确实用到了绿色项目当中，用市场机制约束这些“洗绿”的行为。支持市属金融机构发行绿色金融债券。支持符合条件的公司或企业发行绿色债券或绿色资产担保债券等。加强绿色债券募集资金的使用监管，建议监管部门抓紧出台资金使用的具体要求，对金融机构的资金使用和项目的环保效果进行评估。

长安责任保险“绿色责任系列保险”的启示与建议

王铁铮

内容提要：长安责任保险股份有限公司出台的“绿色责任系列保险”是我国首个“绿色责任系列保险”，扩充了绿色保险的范畴，推动了绿色保险的发展。其核心举措是以绿色责任为价值主张，以风险保障为手段，以绿色竞争力为驱动，推进企业实现绿色生产、共担绿色责任，帮助企业在市场中打造绿色竞争力，引导广大民众选择绿色消费、共享绿色生活。给我们的启示是“绿色保险”定义不应等同于环境污染责任保险，应由风险管理“后端”向“前端”扩展，应完善强制与自愿相结合的环境污染责任保险体系等。建议健全相关法律体系，优化政府在推动绿色保险发展中的角色定位，拓展绿色保险的内涵和实践。

绿色保险与绿色信贷、绿色债券等并列是绿色金融的重要组成部分。发展绿色保险，有利于完善环境风险管理体系、促进绿色生产体系建设、深化保险业供给侧结构性改革，对于推动绿色发展具有重要意义。目前，我国对绿色保险的认识和探讨大多局限于环境污染强制责任保险，且环境污染责任保险作为绿色保险的主要险种发展后劲有待增强，应对生态环境领域突出问题的保险机制还不完善。

长安责任保险股份有限公司（以下简称“长安责任保险”）出台的“绿色责任系列保险”是我国首个“绿色责任系列保险”，扩充了绿色保险的范畴，推动了绿色保险的发展，具有重要意义。本书对“绿色责任系列保险”的出台背景、长安责任保险的基本情况、“绿色责任系列保险”的主要内容和长安责任保险支持绿色保险发展的做法、启示进行梳理，提出了推动绿色保险发展的建议。

一、“绿色责任系列保险”出台背景

我国每年有700多起环境事故，环境压力严峻。而目前对绿色保险的认识和探讨大多局限于狭义的环境污染责任保险，即以企业发生污染事故对第三者造成的损害依法应承担的赔偿责任为标的保险，实践中投保率很低，远远不能满足绿色发展的实际需求。环境污染责任保险对补偿污染受害者、化解环境矛盾纠纷、促进环境风险防范与管理具有积极作用，是绿色保险的重要组成部分，但在两者之间画等号，则使绿色保险的内涵过于狭小，不利于绿色保险的发展。绿色保险应该包括与应对环境污染和气候变化、促进生态文明建设有关的保险产品服务和保险资金运用，综合性的绿色责任系列保险的空白亟待填补。

保险由过去的单一经济补偿承担者逐步拓展为风险管理者，由单纯的经济补偿向资金融通和服务社会管理功能拓展，使保险公司承担的社会责任越来越大。

二、长安责任保险的基本情况

长安责任保险是根据国务院“大力发展责任保险”的要求，由住房和城乡建设部牵头、十部委共同支持组建成立，2007 年 9 月 29 日经中国保险业监督管理委员会批准开业，总部设在北京，注册资本为人民币 16.2 亿元。截至 2017 年 5 月，公司已有 15 家二级机构开业运营，分支机构数量达到 258 家。累计为社会提供风险保障 7.4 万亿元，服务客户数量近 1000 万。长安责任保险作为我国唯一一家专业责任保险公司，主要以责任保险为特色，经营范围还涵盖信用保险、保证保险、财产损失保险、短期健康保险和意外伤害保险等。近几年来，该公司通过加强对与经济社会发展和人民生产生活息息相关的责任保险产品的研发，在食品安全责任保险、房屋建筑工程质量责任保险、环境污染责任保险、安全生产责任保险等方面，形成了自己的拳头产品和市场优势。

在 2017 年 7 月召开的第六届中国财经峰会上，长安责任保险荣获“2017 杰出绿色贡献奖”。长安责任保险以责任保险为特色，不断地加强对与经济社会发展和人民生产生活息息相关的责任保险产品的研发，创新推出了绿色责任系列保险业务，为绿色金融独家提供全方位保险解决方案和技术支持，为我国加快经济向绿色化转型、推进绿色金融服务做出贡献。

三、长安责任保险——“绿色责任系列保险”的先行者

（一）“绿色责任系列保险”的推出和意义

2017 年 3 月 31 日，2017（首届）中国绿道·绿色金融峰会在北京召开。会

上，长安责任保险与国际绿色经济协会、绿道资本正式签订战略合作协议，以绿色保险的深度开发、推广及服务为合作主题，共同推进绿色责任系列保险业务。长安责任保险将为绿色金融独家提供全方位保险解决方案和技术支持，本次峰会正式发布“绿色责任系列保险”产品，是我国首个绿色责任系列保险。

“绿色责任系列保险”核心举措是以绿色责任为价值主张、以风险保障为手段、以绿色竞争力为驱动，旨在推进企业实现绿色生产、共担绿色责任，帮助企业在市场中打造绿色竞争力，引导广大民众选择绿色消费、共享绿色生活，为中国绿色发展与民众绿色生活提供保障与引领。

（二）“绿色责任系列保险”的险种构成

目前“绿色责任系列保险”已经成型的有“绿色企业社会责任险（简称绿色 CSR 保险）、绿色产品责任险、绿色环境责任险、绿色消费责任险”四项险种，未来还将陆续推出更多不同方向的有利于社会环境和经济发展的险种。

绿色企业社会责任险是一种综合性责任保险业务，它承保被保险人在约定地点因非故意行为或活动所造成的他人人身伤害或财产损失依法应负的经济赔偿责任。能够有效地降低企业环境经营风险，引导企业绿色发展。

绿色产品责任险是指当投保人因产品存在环保缺陷致使第三人人身伤亡或财产损失依法应承担损害赔偿责任时，由保险人承担赔偿责任的保险，有助于提升产品软实力，强化企业打造绿色核心竞争力。

绿色环境责任险是以企业发生污染事故对第三者造成的损害应依法承担赔偿责任为标的的保险，解决“企业受罚、群众受害、政府受累”的问题。长安责任保险现已推出的环境污染责任险、水域船舶污染责任险、绿色装饰装修工程责任险。环境污染责任险①旨在减轻意外污染损害对被保险人的财务影响，保障被保险人经营活动的持续进行，维护环境污染受害人的合法权益。在保险期间或保险合同载明的追溯期内，投保人从事业务活动过程中，因突发意外事故导致污染损害造成第三者因污染损害遭受的人身伤亡或直接财产损失、第三者根据环境保护相关法律、法规或行政性命令对污染物进行清理发生的合理必要的清理费用在约定的赔偿限额内负责赔偿。保险金由保险公司直接支付给因环境污染受损害的

① 《长安责任保险股份有限公司环境污染责任险条款》，http：//www. capli. com. cn/detail/20103/detail_ 3690. html。

第三方。绿色装饰装修工程责任保险[①]投保主体为获得国家或当地建设主管部门资质认可的装饰装修公司或房地产开发商、建筑总承包商，适用于新建、扩建和改建的民用建筑工程室内环境污染控制，不适用于工业建筑工程、仓储性建筑工程、构筑物和有特殊净化卫生要求的房间。保险覆盖按规定的装饰装修设计方案、材料的合理选用及科学的施工工艺技术咨询指导，工程竣工后，经国家有关部门对室内环境质量进行验收，因室内环境质量不合格所导致的第三者因污染损害遭受的人身伤亡或直接财产损失，以及投保人根据室内环境保护相关法律、法规或行政性命令对污染物进行清理发生的合理必要的清理费用。水域船舶污染责任保险[②]覆盖在国内合法登记注册的船舶，国内水域内航行、停泊和作业时因船舶上的燃油、载运的油品、化学品及其他有害物质泄漏或发生船舶碰撞致使对方船舶上的燃油、载运的油品、化学品及其他有害物质泄漏，造成污染损害而依法应当由船舶所有者或管理者承担的经济赔偿责任。

绿色消费责任险主要产品是食品安全责任保险[③]，是承担食品生产经营者民事赔偿责任的一种保险，在发生食品安全事故时，可以为食品生产经营者承担风险，保障消费者的权益。凡在国内依法设立并登记注册，有固定经营场所，从事食品生产、销售或餐饮服务的企业均可投保本保险。投保企业在保险合同列明的经营场所内生产、销售食品，或者现场提供与其营业性质相符的食品时，因疏忽或过失致使消费者食物中毒或其他食源性疾患，或因食物中掺有异物，而造成消费者人身损害或财产损失的，对受害人进行赔偿。绿色消费责任险有助于企业降低经营风险、提高绿色品牌效应。

（三）长安责任保险其他支持绿色发展的做法

同时，长安责任保险北京分公司也大力通过保险支持绿色发展。2017 年，北京分公司为 500 辆承担着北京城市公共交通运输功能的绿色新能源巴士提供出行保障，这些新能源汽车承保了包括交强险、车损险、道路客运承运人责任险等共 8 个险种的 15 亿元保额。未来，长安责任保险北京分公司将逐步扩大新能源

① 《长安责任保险股份有限公司绿色装饰装修工程责任保险条款》，http：//www. capli. com. cn/detail/20103/detail_ 3703. html。

② 《长安责任保险股份有限公司水域船舶污染责任保险条款》，http：//www. capli. com. cn/detail/20103/detail_ 3710. html。

③ 《长安责任保险股份有限公司食品安全责任保险条款》，http：//www. capli. com. cn/detail/20103/detail_ 3709. html。

车承保产品的责任范围，推出新能源汽车优惠费率，针对动力系统提供特殊险种等一系列的车险产品和服务，为首都“绿色出行”保驾护航。这是长安责任保险以实际行动积极响应国家“绿色安全出行”号召，践行“服务首都，服务社会”的企业责任，以自身专业优势履行企业社会责任的重大举措。

四、几点启示

（一）“绿色保险”定义不应等同环境污染责任保险

“绿色保险”并非是一个保险产品，更不应当将其与环境污染责任保险等同。实现绿色发展的目标应当让保护环境、低碳绿色成为社会公众生产和生活的基本准则，用全社会的共同行动来完成这一重大社会课题，还大自然以山青、水绿、天蓝、云淡、鸟语、花香的本来面貌，给社会公众一个食品安全、环境洁净的宜居生活环境。在此环境下，“绿色保险”描述的是我国保险行业的发展目标——以实现环境保护、绿色发展作为我国保险业参与社会经济活动所追求的方针大政，由此形成“绿色保险”的内涵。

对“绿色保险”外延的理解，不应认为它是特定的一类保险产品，而应当确认，“绿色保险”是指一个保险业领域。这不仅要求保险业的经营实体（包括保险公司、保险代理机构、保险经纪机构、保险公估机构等）在保险产品的设计和市场供给时，落实环境保护政策应当作为指导思想之一，将发展“绿色保险”纳入保险产品设计的理念之中，只要是对于环境保护事业具有发展促进作用的保险产品均应当纳入“绿色保险”的范畴，从而环境污染责任保险仅仅是“绿色保险”的具体内容之一。

（二）“绿色保险”应由风险管理“后端”向“前端”扩展

尽管保险业的保险赔偿处于社会风险管理的“后端”，最终体现在对环境污染事件发生而造成的损害后果进行的事后补偿，但是，保险业的保险经营活动并非一味消极被动地等待，而应是一种事先的科学分析和管理与事后的及时补偿有机结合而成的专业化活动，应积极从“事后补偿”向“事前预防”拓展。保险业应当适应环境保护具有的社会公益性和系统化社会管理工程属性的需要，努力发展多样化的涉及环境保护的保险产品，拓展环境保护所需保险产品，如将环境保险纳入巨灾保险范围之内，在现有的各类财产损害保险产品范围内，针对环境保护领域的各类环境保护产品的研发、生产和经营的企事业单位提供符合环保产品特性、能够体现国家环保政策，具有激励其投保热情的个性化保险产品等。

（三）完善环境污染责任保险产品体系，推动强制与自愿相结合，提高企业投保意愿

将保险制度运用于环境保护领域，目前大多集中在责任保险，而我国在环境责任保险领域仍以强制保险为主。不宜“一刀切”地一概实行环境保护责任强制保险，而应当针对环境责任事故的主观恶性、损害结果的严重程度、损害影响的不同等诸多因素，建设环境责任的强制保险与自愿保险并存的制度体系。应当通过宣传来培养社会公众的环保意识，形成以环保标准作为评价企业道德水平和资信水平的依据，促使企业为了赢得“市场高地”而购买环境责任保险的自觉性，而不能单靠法律的强制性来推行环境责任保险。

五、推动绿色保险发展的几点建议

我国绿色保险发展资源丰富、潜力巨大。在未来一段时期，要进一步强化市场导向，着力提高绿色保险发展水平，构建全方位的绿色保险供给体系，加快形成绿色的保险发展方式，营造良好的绿色保险发展环境和制度保障。

（一）建立健全绿色保险相关的法律法规体系

修订《环境保护法》《水污染防治法》《大气污染防治法》等法律，明确水、土壤和大气污染责任者对第三方造成的损害以及相关清污费用等必须承担高额的经济赔偿责任，并将环境污染责任保险的相关内容纳入其中。颁行《强制性环境污染责任保险条例》，使环责险从一项试点性的业务提升成为一种普遍的、具有长效机制的环保制度。

（二）优化政府在推动绿色保险发展中的角色定位

优化政府在推动绿色保险发展中的角色定位，政府主要通过健全政策法律环境、强化激励约束机制等方式对环责险的发展提供支持，而不再直接介入业务运营的具体环节，具体表现为：一是将环责险的相关内容纳入地方性立法程序中，为业务的开展提供更有力的法律依据。二是改变以往主要依靠行政罚款的方式，而更多地依靠环境公益诉讼制度强化对环境事件肇事者的责任追究。三是严格执法，强化行政责任和问责制度，切实落实地方政府对环境保护的监管责任。四是采用一定的财税激励手段支持绿色保险的业务发展，财政设立专项资金，用于支持绿色保险在全国的推广，重点用于符合条件的投保企业的保费补贴，建立专门的环境污染损害鉴定评估机构，允许符合条件的企业在投保环责险时其保费支出在一定额度内享受税前抵扣。

（三）拓展绿色保险的内涵和实践

一是要拓宽绿色保险的内涵与外延，树立可持续发展的绿色“大保险”理念。绿色保险不仅仅是应对短期环境污染事故风险的工具，更是解决气候变化等长期风险的一种有效机制。此外，气候、环境变化所衍生的一系列问题，如海平面上升、飓风频发等，将会直接影响保险业的可持续经营。中国保险业应当拓展对绿色保险的认识深度，全面评估保险业在可持续发展中能够发挥的作用，并评估气候变化及相关的风险对行业自身可持续发展的影响，不仅仅将绿色保险局限于环责险一个较为狭窄的领域，而是把可持续发展的理念贯穿到保险经营和服务的全过程。

二是要不断地拓展环责险的承保范围。例如，将慢性污染造成的损害、污染事故发生后企业产生的营业中断损失、居民装修等日常活动带来的环境风险纳入环责险承保范围。

三是要将“绿色保险”的经营理念纳入传统险种的实践中。例如，在农业保险中将是否采取了有利于改善环境的农业生产方法作为费率厘定的关键影响因素；或者以此设计开发新的农业保险险种等。在制造业企业的首台（套）重大技术装备保险中，以节能减排量作为降低保费的重要依据等。

四是要尽快建立政府支持下的气候变化相关的巨灾保险制度。例如，选择部分灾害多发地进行试点，将洪水风险从一般家财险或企财险保单中分离出来，建立独立的洪水保险制度，以应对环境变化带来日益频繁发生的洪水、飓风等风险。

北京碳金融产品创新实践及展望

李星坛

内容提要：碳金融是金融在低碳领域的创新，是促进产业转型升级和低碳发展的重要抓手。随着国内7个碳交易试点的相继建立，支撑碳市场流动性和活跃度的碳金融创新产品相继问世。北京作为最早开市的试点地区，碳金融的创新发展取得了初步成效，但与欧盟发达碳金融市场相比，还处于初级探索阶段，尚存在碳金融产品种类不足、现有品种案例不多、银行等金融机构参与度不高等问题。因此，在全国统一碳市场启动的当下及未来，除了需要参与构建公平合理的全国统一碳交易市场的各项机制、重点完善激励金融机构参与交易的机制和严格防范碳金融风险之外，还要积极争取碳期货等金融衍生品在京试点等，助力北京市低碳减量发展。

碳金融是金融在低碳领域的创新，是金融促进产业转型升级和实现低碳经济发展的关键，也是绿色金融的重要组成部分。碳金融的发展离不开碳金融产品的丰富和不断创新。我国碳金融的开展始于7个①碳排放交易试点的建立，尽管已开市交易3年多，但与国际碳金融的发展相比，还处于初级探索阶段。为了活跃碳排放交易市场，推动企业碳资产管理，弥补碳排放交易市场流动性不足和风险管理工具缺乏的局限，各地碳金融产品创新层出不穷，涵盖了除碳期货以外的各类主要工具。

当前，全国统一碳排放交易市场建设已启动，北京作为最具竞争力的地区之一，已经成为碳交易产业链最完善的地区，既拥有全国碳市场能力建设中心和中国金融学会绿色金融专业委员会碳金融工作组等国家级的建设团队，又是金融机构及大型央企总部所在地，还是碳资产管理公司等碳中介机构和高端人才聚集

① 2011年国家发展改革委批准京津沪渝粤鄂深七省市开展碳排放权交易试点，2013年下半年相继开市交易。

地。在碳金融产品创新方面，为落实“新国九条”和国务院《关于创新重点领域投融资机制鼓励社会投资的指导意见》中有关国家鼓励和支持社会资本投资碳配额市场的意见，北京市发展改革委积极探讨并鼓励重点排放单位及其他配额持有者开展碳排放配额抵押式融资、配额回购式融资、配额托管等业务，加强碳资产管理等。截至2016年底，依托北京环境交易所，已推出碳配额场外期权、碳配额质押融资、中碳指数三类六种创新产品，但与企业需求还存在较大差距。因此，本书在梳理国际国内碳金融产品创新的基础上，研究探索北京在全国建立统一碳市场和京津冀协同发展的大背景下，未来碳金融产品创新的方向。

一、碳金融概念及产品分类

基于对国内外相关概念的分析研究，本书碳金融泛指服务业限制碳排放的所有金融活动，既包括碳排放权配额及其金融衍生品交易，也包括基于碳减排的直接投融资活动以及相关金融中介等服务。

碳金融产品是依托碳配额及项目减排量两类基础碳资产开发出来的各类金融工具。从功能角度，主要分为交易类产品、融资服务类产品和支持服务类产品三种：

1. 交易类品种

除了包括碳配额及项目减排量（碳现货）等碳资产现货外，还有碳期货、碳期权、碳远期、碳掉期以及碳资产证券化和指数化的碳交易产品等。

作用：可以帮助市场参与者更有效地管理碳资产，为其提供多样化的交易方式、提高市场流动性、对冲未来价格波动风险和实现套期保值。

2. 融资服务类品种

主要包括碳债券、碳基金、碳资产质押、碳资产回购、碳资产租赁、碳资产托管等。

作用：融资服务类产品可以为碳资产创造估值和变现的途径，帮助企业拓宽融资渠道。

3. 支持服务类品种

主要包括碳指数和碳保险等。

作用：此类产品可以为各方了解市场趋势提供风向标，同时为管理碳资产提供风险管理工具和市场增信手段。

本书碳金融产品的创新是指除碳配额直接交易外的碳金融衍生品的创新和发展。包括碳金融衍生交易产品、融资服务类产品及支持服务类产品。

二、欧盟及国内七试点地区碳金融产品创新概述

欧盟碳交易体系及其框架下的伦敦碳金融市场是国际碳金融市场最典型的代表，是目前全球最成熟、规模最大、覆盖最广的碳市场。其主要碳金融产品包括碳现货交易产品、碳衍生交易产品、碳融资类产品和碳支持类产品。具体来看：碳现货交易产品：包括 ETS 机制下的减排指标和项目减排量两种。其中，EUETS 的减排指标为欧盟碳配额（EUA）及欧盟航空碳配额（EUAA），项目减排量则包括发达国家和发展中国家之间 CDM 机制下的核证减排量（CER），以及发达国家之间 JI 机制下的减排量（ERU）。这两类四种产品就是目前欧盟碳市场交易的主要碳现货产品。由于欧洲拥有较为发达的传统金融市场，故碳金融衍生品在市场建立伊始就同现货产品一同推出。主要有碳远期、碳期货、碳期权和碳互换，其中碳期货的交易规模最大。碳融资服务类产品主要包括碳债券和碳基金。支持服务类产品主要包括碳指数和碳保险等。碳指数可以反映碳市场的供求状况和价格信息，为投资者了解市场动态并提供投资参考。苏黎世保险公司推出的 CDM 项目保险业务，可以同时为 CER 的买方和卖方提供保险，如果买方在合同到期时未能获得协议规定数量的 CER，苏黎世保险公司将按照约定给予赔偿，如果 CDM 项目未能达到预期收益，苏黎世保险公司也会进行赔偿。

国内试点方面，截至发稿时，七试点地区碳金融产品创新层出不穷，涵盖了除碳期货以外的各类主要工具。具体如表 1 所示：

表 1　七试点碳市场主要碳金融创新产品一览

分类	产品	试点地区
交易类	碳配额场外掉期	北京
	碳配额场外期权	北京
	担保型 CCER 碳远期合约	北京

续表

分类	产品	试点地区
融资服务类	碳债券	深圳/湖北
	碳基金	深圳/上海/湖北
	碳配额托管	深圳/湖北
	碳配额质押融资	深圳/湖北/北京
	CCER 质押融资	上海
	碳市场集合资产管理	上海
	碳信托	上海
	碳资产抵押品标准化	广东
	回购	深圳/上海
	碳配额回购融资	北京
	碳配额结构化产品	北京
	借碳	上海
	基于 CCER 的碳众筹	湖北
支持服务类	碳指数	上海/北京
	碳保险	湖北
其他	引入境外投资者	深圳
	绿色结构性存款	深圳
	碳金融授信	湖北

资料来源：笔者根据北京环境交易所网站资料整理。

三、北京碳金融产品创新实践

北京碳金融产品的设计推出和交易主要依托北京环境交所。截至 2016 年底，北京试点碳金融创新产品主要有 6 种，其中衍生交易类 3 种、融资服务类 3 种、支持服务类 1 种，分别是碳配额场外期权、碳配额场外掉期交易、碳配额结构化产品；碳配额质押融资、碳配额回购融资；中碳指数等。具体产品详情及案例如下：

1. 碳配额场外期权

碳期权是在碳期货基础上产生的一种碳金融衍生品，是指交易双方在未来某特定时间以特定价格买入或卖出一定数量的碳标的的权利，其本质是一种选择权，碳期权的持有者可以在规定的时间内选择买或不买、卖或不卖的权利，可以实施该权利，也可以放弃该权利。

主要交易环节：

（1）看涨碳期权：A 向 B 支付一定数额的“权利金”后，在合约有效期内按事先约定的价格向 B 买入一定数量的碳标的，但不负有必须买进的义务。而 B 有义务在合约有效期内应 A 的要求以事先规定的价格卖出碳标的。

（2）看跌碳期权：A 向 B 支付一定数额的“权利金”后，在合约有效期内按事先约定的价格向 B 卖出一定数量的碳标的，但不负有必须卖出的义务。而 B 有义务在合约有效期内应 A 的要求以事先规定的价格买入碳标的。

作用：碳排放权场外期权交易为碳市场交易参与人提供了一个提前锁定交易价格、防范价格风险、开展套期保值的手段。一方面，期权交易为交易双方提供了多样化的风险规避手段，有利于碳市场活跃度的提升和稳定健康发展；另一方面，场外期权交易的开展也可为未来开展碳期货等创新交易摸索经验。

案例：2016 年 6 月 16 日，深圳招银国金投资有限公司与北京京能源创碳资产管理有限公司在北京环交所签署了国内首笔碳配额场外期权合约，交易量为 2 万吨。交易双方以书面合同形式开展期权交易，并委托北京环境交易所负责监管权利金与合约执行工作。碳排放权场外期权交易为碳市场交易参与人提供了一个提前锁定交易价格、防范价格风险、开展套期保值的手段，是碳金融领域的重要创新。

2. 碳配额场外掉期交易

碳排放权场外掉期交易是交易双方以碳排放权为标的物，以现金结算标的物固定价交易与浮动价交易差价的场外合约交易。交易双方在签署合约时以固定价格确定交易，并在合同中约定在未来某个时间以当时的市场价格完成与固定价交易相对应的反向交易。最终结算时，交易双方只需对两次交易的价格间的差价进行现金结算。

主要交易环节：

（1）固定价交易：A、B 双方同意，A 方于合约结算日（例如，合约生效后 6 个月）以双方约定的固定价格 $P_{固}$ 向乙方购买标的碳排放权。

（2）浮动价交易：A、B 双方同意，B 方于合约结算日以 $P_{浮}$ 价格向 A 方购买标的碳排放权。$P_{浮}$ 与标的碳排放权在交易所的现货市场交易价格相挂钩，例如 $P_{浮}$ 等于合约结算日之前 20 个交易日北京碳排放配额的公开交易平均价。

（3）差价结算：合约结算日，交易所根据 $P_{固}$ 和 $P_{浮}$ 之间的差价对交易结果进行结算。若 $P_{固} < P_{浮}$，则 A 为盈利方，B 为亏损方，B 向 A 支付资金 =（$P_{浮} - P_{固}$）×标的碳排放权；若 $P_{固} > P_{浮}$，则 A 为亏损方，B 为盈利方，A 向 B 支付资金 =（$P_{固} - P_{浮}$）×标的碳排放权。

（4）保证金监管：交易所根据掉期合约的约定，向 A、B 双方收取初始保证金，并在合约期内根据现货市场价格的变化情况定期对保证金进行清算。交易所可根据清算结果，要求浮动亏损方补充维持保证金；若未按期补足，交易所有权进行强制平仓。

作用：碳排放权场外掉期交易为碳市场交易参与人提供了一个在场外对冲价格风险、开展套期保值的手段，同时也可以为企业管理碳资产间接创造流动性，是碳金融领域的重要创新。

案例：2015 年 6 月 15 日，中信证券股份有限公司、北京京能源创碳资产管理有限公司、北京环境交易所在"第六届地坛论坛"上共同推出国内首笔碳排放权场外掉期交易，交易量为 1 万吨。交易双方以非标准化书面合同形式开展场外掉期交易，并委托北京环境交易所负责保证金监管与合约清算工作。此次交易的达成标志着北京碳排放权交易市场在碳金融产品创新方面又迈出了突破性的一步，实现了碳市场与金融市场的有机结合，有助于进一步发挥北京碳市场价格发展功能，拓宽交易参与人风险管理渠道，是北京市碳排放权交易试点建设过程中一个重要的里程碑。

3. 碳配额结构化产品

结构化产品是以金融工程学知识为基础，利用基础金融工具和金融衍生工具进行不同的组合得到的一类金融创新产品，其属于衍生品中比较高级的类型，更具灵活性，能满足更多个性化的需求，市场前景广阔。结构化产品主要包括结构化股票和结构化资产管理两大类，目前，较为知名的是结构型债券、可转债、权证和股票挂钩型票据等。

主要交易环节：

（1）交易双方签约，选择复合的交易方式，如："回购式融资 + 看涨期权"等模式。

（2）双方在到期日进行履约和结算。

作用：结构化产品融资，不仅能使发行人能获得较低的融资成本，也能使投资人或者较高的回报，也可以对冲交易风险，增强碳市场的流动性。

案例：2016 年 6 月 16 日，华璟碳资产管理有限公司和北京太铭基业投资咨询有限公司也在第七届地坛论坛上完成了国内首单碳配额结构化产品签约，首期产品规模为 6 万吨北京碳排放配额。双方借鉴了金融市场的成熟模式，签约通过回购式融资 + 选择性购买的复合型方式开展协议交易，既满足了企业对风险和收益的要求，也满足了碳资产管理中的融资需求，具有很好的推广借鉴意义，双方希望通过这项合作探索出一条将碳交易与节能减排投资有机融合的思路。

4. 碳配额质押融资

碳配额质押融资业务是指以我国碳排放权配额或 CCER 为质押物，金融机构根据项目运行、减排量产出等具体情况灵活设置还款期和贷款额度，为控排企业提供短期流动性贷款，到期收回资金并获得一定的利息。质押和抵押的根本区别在于是否转移担保财产的占有，质押改变了质押物的占管形态，由质权人负责对质押物进行保管。用于质押的配额需要满足的基本条件包括：一是碳排放配额由主管部门通过注册登记系统发放；二是碳排放配额可在北京环境交易所进行交易，具有一定流动性、可变现；三是碳排放配额不存在权利瑕疵，未设定抵押、质押或转让第三人。

主要交易环节：

（1）排放单位作为出质方，以配额质押的方式获取贷款，并支付利息（给金融机构）和存管费用（交易所）。金融机构作为质权方，向排放单位提供资金，并获取利息收入。交易所作为第三方平台，提供配额登记存管服务，并向排放单位收取存管费用。

（2）CCER 质押融资的质押物是国家发改委签发 CCER；质押主体为拥有 CCER 的企业，既可以为碳资产公司也可以为 CCER 业主企业；CCER 资产价值评估较为复杂，一方面目前没有公开透明的 CCER 市场价格，另一方面由于各个试点地区对 CCER 使用政策的区别，导致不同项目类型的 CCER 的价格具有较大差异；CCER 的风险则来自项目类型、CCER 价格、试点和国家政策等多方面影响，所面临的风险更为复杂。

（3）配额质押融资的质押物为地方试点签发的碳排放配额；质押主体为试点排放单位；配额资产直接根据既有的配额市场价格进行评估；配额的风险较为

单一，主要来自配额价格，取决于试点市场供需状况。

（4）现阶段来说，配额质押比 CCER 质押风险小，且操作简单，可复制性强，是更适于企业的融资方式。

作用：碳配额质押融资能有效缓解企业还款压力，帮助企业盘活碳配额资产，降低中小企业授信门槛，解决节能减排中小企业担保难、融资难的问题。同时，也为企业提供了一条低成本市场化减排的道路，充分发挥碳交易在金融资本和实体经济之间的联通作用，通过金融资源配置以及价格杠杆引导实体经济绿色发展。

案例：2015 年 7 月，北京环境交易所协助建设银行北京分行推出了碳排放配额质押融资业务，即借款人在正常经营过程中，以其合法持有、经建行和北京市碳排放权交易主管部门认可的碳排放配额作为质押申请贷款的业务。通过这项业务的开展，碳配额的价值不仅仅体现在交易环节及履约功能，还成为一种媒介为企业提供融资便利，从而方便企业盘活资产，帮助企业提高资金效率。

5. 碳配额回购融资

碳配额回购融资交易是指甲方以约定价格向乙方卖出碳排放权配额，并约定在未来某一日期，按照另一约定价格从乙方购回碳配额的交易行为，包含初始交易和购回交易。

主要交易环节：

（1）初始交易：甲乙签约《交易协议书》，约定初始交易和购回交易的成交金额、成交数量、购回价格和购回期限等，乙方向甲方购进碳配额，并支付成交金额，相关费用由甲方负责。

（2）购回交易：环交所根据甲乙双方交易当日（T 日）达成的初始交易和购回交易逐笔清算双方的碳配额和资金应收应付额，甲方向乙方购回碳配额，支付成交金额和相关费用，并于 T+5 进行交收。

（3）清算与交收：碳配额回购融资交易实行逐笔全额非担保结算。

作用：开展碳排放配额回购融资，不仅拓展了重点排放单位的融资渠道，盘活了碳资产，降低融资成本，减轻实体企业运营负担，提升节能减碳的积极性和主动性，而且也充分体现了碳排放配额的商品化和资产化属性，提升社会对碳排放配额资产价值的认可，让金融创新更好地服务于节能减碳和实体经济发展。

案例：2014 年 12 月 30 日，中信证券与华远意通热力科技有限公司在北京环境交易所正式签署了国内首笔碳排放权配额回购融资协议，融资总规模达 1330

万元。此项融资回购协议的签署，标志着北京碳排放权交易市场在碳金融产品创新方面又迈出了实质性的一步，实现了碳市场与金融市场的有机结合，是北京市碳排放权交易试点建设中的一个重要的里程碑。

6. 担保型 CCER 远期合约

远期交易是指远期交易参与人双方签署远期合约，约定在未来某一时期就一定数量的碳排放配额或 CCER 进行交易的一种交易方式。远期合约的主要条款应包括交易品种、交易价格、交易数量和交割时间等内容。所谓担保型是指在履约前引入第三方担保，以去报交易顺利进行。

操作流程条件：

（1）远期交易参与人应订立自提交备案之日起 10 个交易日以上交割的远期合约。

（2）远期交易参与人根据自愿原则决定是否向交易所缴纳一定的资金或等价的配额和 CCER，作为双方履约保证金或者抵押物。履约保证金或抵押物的处置方式由远期交易参与人在合约中予以明确。

（3）远期合约交割日前 3 个交易日，交易所向远期交易参与人发出清算交割提示，明确需清算的交易资金和需要交割的配额或 CCER 数量。在交割日，远期交易参与人应通过交易所完成资金清算和配额或 CCER 交割。

（4）需申请延迟交割或取消交割的远期交易，远期交易参与人应在交割日之前提前至少 3 个交易日向交易所提出申请，经批准后可进行延迟交割或取消交割。

（5）对于违约的远期交易参与人，交易所将不再予以备案其远期交易，并将其纳入信用黑名单，以适当方式进行公布。

引入担保的作用：碳交易市场中的 CCER 远期合约较为常见，但 CCER 交付时间对 CCER 交易价格影响较大，因此，能否在履约期前及时签发与交付是实现 CCER 价值最大化的一个难题。交易引入担保方可以降低交付环节的不确定性，为交易双方有效降低了交易风险。

案例：2015 年 8 月 27 日，第一笔担保型 CCER 远期合约在北京签署，此次合约的标的项目是山西某新能源项目，预计每年产生减排量 30 万吨，为非标准化合约。其中买方为中碳能投科技有限公司，该买家此前曾在北京完成第一笔履约 CCER 交易；卖家为山西某新能源公司；此合约中引入了第三方担保方——易碳家——中国碳交易平台，其通过持有的线上碳交易撮合平台整合的千万吨级的碳资源为该合约提供担保，保证该笔 CCER 能够在履约期前及时签发与交付，此次担保交易为易碳家的创新产品“碳保宝”，属于首次应用。

7. 中碳指数

中碳指数，特指中碳市值指数和中碳流动性指数，分别从价格和流动性两个维度入手，碳排放权配额总量、成交量为主要参数，描绘指数走势，为投资者提供一套分析中国碳市场的辅助工具。

主要环节：

（1）选取北京、天津、上海、广东、湖北和深圳 6 个已开市交易的试点碳市场的碳配额线上成交数据，根据样本地区配额规模设置权重，基期为 2014 年度第一个交易日（2014 年 1 月 2 日）。

（2）“中碳市值指数”以成交均价为主要参数，衡量样本地区在一定期间内整体市值涨跌变化情况；“中碳流动性指数”以成交量为主要参数并考虑各地区权重等因素，观察样本地区一定期间内整体流动性的强弱变化。

作用：中碳指数的推出既是对国务院 2014 年 5 月“新国九条”关于“发展商品期权、商品指数、碳排放权等交易工具，充分发挥期货市场价格发现和风险管理功能，增强期货市场服务实体经济的能力”精神的积极响应，也为将来进一步开发指数型碳金融交易产品提供了依托。对于碳市场投资者，中碳指数主要包括以下潜在的功能：综合反映某个时点或一定时期内碳市场总体价格的变动方向和涨跌程度；为碳市场投资者和研究机构分析、判断碳市场动态及大势走向提供基础信息；为开发指数交易产品和其他碳金融创新产品提供必要的基础。

案例：2014 年 6 月，北京绿色金融协会正式发布中国碳交易指数（中碳指数），综合反映国内各试点碳市场成交价格和流动性的指标。中碳指数选取北京、天津、上海、广东、湖北和深圳 6 个已开市交易的试点碳市场的碳配额线上成交数据，样本地区根据配额规模设置权重，基期为 2014 年度第一个交易日（2014 年 1 月 2 日），包括“中碳市值指数”和“中碳流动性指数”两个指数。其中，“中碳市值指数”以成交均价为主要参数，衡量样本地区在一定期间内整体市值涨跌变化情况；“中碳流动性指数”以成交量为主要参数并考虑各地区权重等因素，观察样本地区一定期间内整体流动性的强弱变化。

四、存在的局限性

总体来看，我国碳金融市场的发展还处于探索的初级阶段，虽然相比其他试点省市，北京的碳交易产业链最为完善，但在碳金融产品的创新方面，与欧盟等发达碳金融市场相比，还存在诸多不足之处：一是碳金融产品的种类不足，还缺乏碳远期、碳期货等主流产品。碳期货不仅具有套期保值的功能，更具有价格发现和对冲风险的功能，是碳衍生品中最重要的碳金融产品，无论是对于碳金融市场的流动性和风险管理能力，都有一个非常大的提升。二是现有品种案例不多，还不能很好服务实体经济。三是银行等金融机构参与度远远不够等。

五、未来展望

碳远期、碳期货等主要碳金融产品的发展需要一个健康、活跃并具有一定交易规模的碳现货市场作为基础，由于衍生品交易成本低、资金杠杆高、成交活跃，现货市场任何细微的缺陷都会在衍生品市场被放大，产生套利空间，侵蚀市场根基。因此，第一，要发展碳金融衍生品市场就需要务实碳现货市场，在建立全国统一碳交易市场的背景下，明确和统一碳排放核算、报告和核查（MRV）机制，设置全国统一的交易规则，确保现货产品的同质性，现货交易的公平和统一。第二，降低金融机构参与碳交易的限制，放宽机构投资者的业务局限，提高参与的积极性，推进碳金融的整体发展。第三，在条件成熟时，积极开展碳期货交易试点，为全国碳期货业务的开展积累经验，加快带动碳期权、碳互换等碳金融衍生品的发展，形成系统、高效、活跃的碳金融市场。EUETS 发展显示，尽管现货交易始终是碳市场发展的基石，但金融化交易工具尤其是碳期货的引入，对于碳市场的成长则是至关重要的决定因素。第四，严格防范市场风险。碳衍生品市场风险会通过价格机制传导到现货市场，进而对生产企业实际的减排行动造成影响。一方面，要通过市场手段调控风险，如涨跌幅限制、保证金限制、持仓限制等来控制衍生品市场风险；另一方面，在市场出现极端的情况时，需要通过公开市场操作来及时干预现货市场，促进整个碳金融体系的平稳、健康、持续发展。

附录　政策汇编

中国人民银行等七部委《关于构建绿色金融体系的指导意见》（银发〔2016〕228号）

目前，我国正处于经济结构调整和发展方式转变的关键时期，对支持绿色产业和经济、社会可持续发展的绿色金融的需求不断扩大。为全面贯彻《中共中央国务院关于加快推进生态文明建设的意见》和《生态文明体制改革总体方案》精神，坚持创新、协调、绿色、开放、共享的发展理念，落实政府工作报告部署，从经济可持续发展全局出发，建立健全绿色金融体系，发挥资本市场优化资源配置、服务实体经济的功能，支持和促进生态文明建设，经国务院同意，现提出以下意见。

一、构建绿色金融体系的重要意义

（一）绿色金融是指为支持环境改善、应对气候变化和资源节约高效利用的经济活动，即对环保、节能、清洁能源、绿色交通、绿色建筑等领域的项目投融资、项目运营、风险管理等所提供的金融服务。

（二）绿色金融体系是指通过绿色信贷、绿色债券、绿色股票指数和相关产品、绿色发展基金、绿色保险、碳金融等金融工具和相关政策支持经济向绿色化转型的制度安排。

（三）构建绿色金融体系主要目的是动员和激励更多社会资本投入绿色产业，同时更有效地抑制污染性投资。构建绿色金融体系，不仅有助于加快我国经济向绿色化转型，支持生态文明建设，也有利于促进环保、新能源、节能等领域的技术进步，加快培育新的经济增长点，提升经济增长潜力。

（四）建立健全绿色金融体系，需要金融、财政、环保等政策和相关法律法规的配套支持，通过建立适当的激励和约束机制解决项目环境外部性问题。同时，也需要金融机构和金融市场加大创新力度，通过发展新的金融工具和服务手段，解决绿色投融资所面临的期限错配、信息不对称、产品和分析工具缺失等问题。

二、大力发展绿色信贷

（五）构建支持绿色信贷的政策体系。完善绿色信贷统计制度，加强绿色信贷实施情况监测评价。探索通过再贷款和建立专业化担保机制等措施支持绿色信贷发展。对于绿色信贷支持的项目，可按规定申请财政贴息支持。探索将绿色信贷纳入宏观审慎评估框架，并将绿色信贷实施情况关键指标评价结果、银行绿色评价结果作为重要参考，纳入相关指标体系，形成支持绿色信贷等绿色业务的激励机制和抑制高污染、高能耗和产能过剩行业贷款的约束机制。

（六）推动银行业自律组织逐步建立银行绿色评价机制。明确评价指标设计、评价工作的组织流程及评价结果的合理运用，通过银行绿色评价机制引导金融机构积极开展绿色金融业务，做好环境风险管理。对主要银行先行开展绿色信贷业绩评价，在取得经验的基础上，逐渐将绿色银行评价范围扩大至中小商业银行。

（七）推动绿色信贷资产证券化。在总结前期绿色信贷资产证券化业务试点经验的基础上，通过进一步扩大参与机构范围，规范绿色信贷基础资产遴选，探索高效、低成本抵质押权变更登记方式，提升绿色信贷资产证券化市场流动性，加强相关信息披露管理等举措，推动绿色信贷资产证券化业务常态化发展。

（八）研究明确贷款人环境法律责任。依据我国相关法律法规，借鉴环境法律责任相关国际经验，立足国情探索研究明确贷款人尽职免责要求和环境保护法律责任，适时提出相关立法建议。

（九）支持和引导银行等金融机构建立符合绿色企业和项目特点的信贷管理制度，优化授信审批流程，在风险可控的前提下对绿色企业和项目加大支持力度，坚决取消不合理收费，降低绿色信贷成本。

（十）支持银行和其他金融机构在开展信贷资产质量压力测试时，将环境和社会风险作为重要的影响因素，并在资产配置和内部定价中予以充分考虑。鼓励银行和其他金融机构对环境高风险领域的贷款和资产风险敞口进行评估，定量分析风险敞口在未来各种情境下对金融机构可能带来的信用和市场风险。

（十一）将企业环境违法违规信息等企业环境信息纳入金融信用信息基础数据库，建立企业环境信息的共享机制，为金融机构的贷款和投资决策提供依据。

三、推动证券市场支持绿色投资

（十二）完善绿色债券的相关规章制度，统一绿色债券界定标准。研究完善各类绿色债券发行的相关业务指引、自律性规则，明确发行绿色债券筹集的资金专门（或主要）用于绿色项目。加强部门间协调，建立和完善我国统一的绿色债券界定标准，明确发行绿色债券的信息披露要求和监管安排等。支持符合条件的机构发行绿色债券和相关产品，提高核准（备案）效率。

（十三）采取措施降低绿色债券的融资成本。支持地方和市场机构通过专业化的担保和增信机制支持绿色债券的发行，研究制定有助于降低绿色债券融资成本的其他措施。

（十四）研究探索绿色债券第三方评估和评级标准。规范第三方认证机构对绿色债券评估的质量要求。鼓励机构投资者在进行投资决策时参考绿色评估报告。鼓励信用评级机构在信用评级过程中专门评估发行人的绿色信用记录、募投项目绿色程度、环境成本对发行人及债项信用等级的影响，并在信用评级报告中进行单独披露。

（十五）积极支持符合条件的绿色企业上市融资和再融资。在符合发行上市相应法律法规、政策的前提下，积极支持符合条件的绿色企业按照法定程序发行上市。支持已上市绿色企业通过增发等方式进行再融资。

（十六）支持开发绿色债券指数、绿色股票指数以及相关产品。鼓励相关金融机构以绿色指数为基础开发公募、私募基金等绿色金融产品，满足投资者需要。

（十七）逐步建立和完善上市公司和发债企业强制性环境信息披露制度。对属于环境保护部门公布的重点排污单位的上市公司，研究制定并严格执行对主要污染物达标排放情况、企业环保设施建设和运行情况以及重大环境事件的具体信息披露要求。加大对伪造环境信息的上市公司和发债企业的惩罚力度。培育第三方专业机构为上市公司和发债企业提供环境信息披露服务的能力。鼓励第三方专业机构参与采集、研究和发布企业环境信息与分析报告。

（十八）引导各类机构投资者投资绿色金融产品。鼓励养老基金、保险资金等长期资金开展绿色投资，鼓励投资人发布绿色投资责任报告。提升机构投资者对所投资资产涉及的环境风险和碳排放的分析能力，就环境和气候因素对机构投资者（尤其是保险公司）的影响开展压力测试。

四、设立绿色发展基金，通过政府和社会资本合作（PPP）模式动员社会资本

（十九）支持设立各类绿色发展基金，实行市场化运作。中央财政整合现有节能环保等专项资金设立国家绿色发展基金，投资绿色产业，体现国家对绿色投资的引导和政策信号作用。鼓励有条件的地方政府和社会资本共同发起区域性绿色发展基金，支持地方绿色产业发展。支持社会资本和国际资本设立各类民间绿色投资基金。政府出资的绿色发展基金要在确保执行国家绿色发展战略及政策的前提下，按照市场化方式进行投资管理。

（二十）地方政府可通过放宽市场准入、完善公共服务定价、实施特许经营模式、落实财税和土地政策等措施，完善收益和成本风险共担机制，支持绿色发展基金所投资的项目。

（二十一）支持在绿色产业中引入 PPP 模式，鼓励将节能减排降碳、环保和

其他绿色项目与各种相关高收益项目打捆，建立公共物品性质的绿色服务收费机制。推动完善绿色项目 PPP 相关法规规章，鼓励各地在总结现有 PPP 项目经验的基础上，出台更加具有操作性的实施细则。鼓励各类绿色发展基金支持以 PPP 模式操作的相关项目。

五、发展绿色保险

（二十二）在环境高风险领域建立环境污染强制责任保险制度。按程序推动制修订环境污染强制责任保险相关法律或行政法规，由环境保护部门会同保险监管机构发布实施性规章。选择环境风险较高、环境污染事件较为集中的领域，将相关企业纳入应当投保环境污染强制责任保险的范围。鼓励保险机构发挥在环境风险防范方面的积极作用，对企业开展“环保体检”，并将发现的环境风险隐患通报环境保护部门，为加强环境风险监督提供支持。完善环境损害鉴定评估程序和技术规范，指导保险公司加快定损和理赔进度，及时救济污染受害者、降低对环境的损害程度。

（二十三）鼓励和支持保险机构创新绿色保险产品和服务。建立完善与气候变化相关的巨灾保险制度。鼓励保险机构研发环保技术装备保险、针对低碳环保类消费品的产品质量安全责任保险、船舶污染损害责任保险、森林保险和农牧业灾害保险等产品。积极推动保险机构参与养殖业环境污染风险管理，建立农业保险理赔与病死牲畜无害化处理联动机制。

（二十四）鼓励和支持保险机构参与环境风险治理体系建设。鼓励保险机构充分发挥防灾减灾功能，积极利用互联网等先进技术，研究建立面向环境污染责任保险投保主体的环境风险监控和预警机制，实时开展风险监测，定期开展风险评估，及时提示风险隐患，高效开展保险理赔。鼓励保险机构充分发挥风险管理专业优势，开展面向企业和社会公众的环境风险管理知识普及工作。

六、完善环境权益交易市场、丰富融资工具

（二十五）发展各类碳金融产品。促进建立全国统一的碳排放权交易市场和有国际影响力的碳定价中心。有序发展碳远期、碳掉期、碳期权、碳租赁、碳债券、碳资产证券化和碳基金等碳金融产品和衍生工具，探索研究碳排放权期货交易。

（二十六）推动建立排污权、节能量（用能权）、水权等环境权益交易市场。在重点流域和大气污染防治重点领域，合理推进跨行政区域排污权交易，扩大排污权有偿使用和交易试点。加强排污权交易制度建设和政策创新，制定完善排污权核定和市场化价格形成机制，推动建立区域性及全国性排污权交易市场。建立和完善节能量（用能权）、水权交易市场。

（二十七）发展基于碳排放权、排污权、节能量（用能权）等各类环境权益的融资工具，拓宽企业绿色融资渠道。在总结现有试点地区银行开展环境权益抵质押融资经验的基础上，确定抵质押物价值测算方法及抵质押率参考范围，完善市场化的环境权益定价机制，建立高效的抵质押登记及公示系统，探索环境权益回购等模式解决抵质押物处置问题，推动环境权益及其未来收益权切实成为合格抵质押物，进一步降低环境权益抵质押物业务办理的合规风险。发展环境权益回购、保理、托管等金融产品。

七、支持地方发展绿色金融

（二十八）探索通过再贷款、宏观审慎评估框架、资本市场融资工具等支持地方发展绿色金融。鼓励和支持有条件的地方通过专业化绿色担保机制、设立绿色发展基金等手段撬动更多的社会资本投资于绿色产业。支持地方充分利用绿色债券市场为中长期、有稳定现金流的绿色项目提供融资。支持地方将环境效益显著的项目纳入绿色项目库，并在全国性的资产交易中心挂牌，为利用多种渠道融

资提供条件。支持国际金融机构和外资机构与地方合作，开展绿色投资。

八、推动开展绿色金融国际合作

（二十九）广泛开展绿色金融领域的国际合作。继续在二十国集团框架下推动全球形成共同发展绿色金融的理念，推广与绿色信贷和绿色投资相关的自愿准则和其他绿色金融领域的最佳经验，促进绿色金融领域的能力建设。通过“一带一路”倡议，上海合作组织、中国—东盟等区域合作机制和南南合作，以及亚洲基础设施投资银行和金砖国家新开发银行撬动民间绿色投资的作用，推动区域性绿色金融国际合作，支持相关国家的绿色投资。

（三十）积极稳妥推动绿色证券市场双向开放。支持我国金融机构和企业到境外发行绿色债券。充分利用双边和多边合作机制，引导国际资金投资于我国的绿色债券、绿色股票和其他绿色金融资产。鼓励设立合资绿色发展基金。支持国际金融组织和跨国公司在境内发行绿色债券、开展绿色投资。

（三十一）推动提升对外投资绿色水平。鼓励和支持我国金融机构、非金融企业和我国参与的多边开发性机构在“一带一路”和其他对外投资项目中加强环境风险管理，提高环境信息披露水平，使用绿色债券等绿色融资工具筹集资金，开展绿色供应链管理，探索使用环境污染责任保险等工具进行环境风险管理。

九、防范金融风险，强化组织落实

（三十二）完善与绿色金融相关监管机制，有效防范金融风险。加强对绿色金融业务和产品的监管协调，综合运用宏观审慎与微观审慎监管工具，统一和完善有关监管规则和标准，强化对信息披露的要求，有效防范绿色信贷和绿色债券的违约风险，充分发挥股权融资作用，防止出现绿色项目杠杆率过高、资本空转和“洗绿”等问题，守住不发生系统性金融风险底线。

（三十三）相关部门要加强协作、形成合力，共同推动绿色金融发展。人民银行、财政部、发展改革委、环境保护部、银监会、证监会、保监会等部门应当密切关注绿色金融业务发展及相关风险，对激励和监管政策进行跟踪评估，适时调整完善。加强金融信息基础设施建设，推动信息和统计数据共享，建立健全相关分析预警机制，强化对绿色金融资金运用的监督和评估。

（三十四）各地区要从当地实际出发，以解决突出的生态环境问题为重点，积极探索和推动绿色金融发展。地方政府要做好绿色金融发展规划，明确分工，将推动绿色金融发展纳入年度工作责任目标。提升绿色金融业务能力，加大人才培养引进力度。

（三十五）加大对绿色金融的宣传力度。积极宣传绿色金融领域的优秀案例和业绩突出的金融机构和绿色企业，推动形成发展绿色金融的广泛共识。在全社会进一步普及环保意识，倡导绿色消费，形成共建生态文明、支持绿色金融发展的良好氛围。

中国人民银行　财政部　发展改革委
环境保护部　银监会　证监会　保监会
2016 年 8 月 31 日

《碳排放权交易管理暂行办法》

（中华人民共和国国家发展和改革委员会令　第 17 号）

第一章　总　则

第一条　为推进生态文明建设，加快经济发展方式转变，促进体制机制创新，充分发挥市场在温室气体排放资源配置中的决定性作用，加强对温室气体排放的控制和管理，规范碳排放权交易市场的建设和运行，制定本办法。

第二条　在中华人民共和国境内，对碳排放权交易活动的监督和管理，适用本办法。

第三条　本办法所称碳排放权交易，是指交易主体按照本办法开展的排放配额和国家核证自愿减排量的交易活动。

第四条　碳排放权交易坚持政府引导与市场运作相结合，遵循公开、公平、公正和诚信原则。

第五条　国家发展和改革委员会是碳排放权交易的国务院碳交易主管部门（以下简称国务院碳交易主管部门），依据本办法负责碳排放权交易市场的建设，并对其运行进行管理、监督和指导。

各省、自治区、直辖市发展和改革委员会是碳排放权交易的省级碳交易主管部门（以下简称省级碳交易主管部门），依据本办法对本行政区域内的碳排放权交易相关活动进行管理、监督和指导。

其他各有关部门应按照各自职责，协同做好与碳排放权交易相关的管理工作。

第六条　国务院碳交易主管部门应适时公布碳排放权交易纳入的温室气体种类、行业范围和重点排放单位确定标准。

第二章　配额管理

第七条　省级碳交易主管部门应根据国务院碳交易主管部门公布的重点排放单位确定标准，提出本行政区域内所有符合标准的重点排放单位名单并报国务院碳交易主管部门，国务院碳交易主管部门确认后向社会公布。

经国务院碳交易主管部门批准，省级碳交易主管部门可适当扩大碳排放权交易的行业覆盖范围，增加纳入碳排放权交易的重点排放单位。

第八条　国务院碳交易主管部门根据国家控制温室气体排放目标的要求，综合考虑国家和各省、自治区和直辖市温室气体排放、经济增长、产业结构、能源结构，以及重点排放单位纳入情况等因素，确定国家以及各省、自治区和直辖市的排放配额总量。

第九条　排放配额分配在初期以免费分配为主，适时引入有偿分配，并逐步提高有偿分配的比例。

第十条　国务院碳交易主管部门制定国家配额分配方案，明确各省、自治区、直辖市免费分配的排放配额数量、国家预留的排放配额数量等。

第十一条　国务院碳交易主管部门在排放配额总量中预留一定数量，用于有偿分配、市场调节、重大建设项目等。有偿分配所取得的收益，用于促进国家减碳以及相关的能力建设。

第十二条　国务院碳交易主管部门根据不同行业的具体情况，参考相关行业主管部门的意见，确定统一的配额免费分配方法和标准。

各省、自治区、直辖市结合本地实际，可制定并执行比全国统一的配额免费分配方法和标准更加严格的分配方法和标准。

第十三条　省级碳交易主管部门依据第十二条确定的配额免费分配方法和标准，提出本行政区域内重点排放单位的免费分配配额数量，报国务院碳交易主管部门确定后，向本行政区域内的重点排放单位免费分配排放配额。

第十四条　各省、自治区和直辖市的排放配额总量中，扣除向本行政区域内重点排放单位免费分配的配额量后剩余的配额，由省级碳交易主管部门用于有偿分配。有偿分配所取得的收益，用于促进地方减碳以及相关的能力建设。

第十五条　重点排放单位关闭、停产、合并、分立或者产能发生重大变化的，省级碳交易主管部门可根据实际情况，对其已获得的免费配额进行调整。

第十六条　国务院碳交易主管部门负责建立和管理碳排放权交易注册登记系统（以下简称注册登记系统），用于记录排放配额的持有、转移、清缴、注销等相关信息。注册登记系统中的信息是判断排放配额归属的最终依据。

第十七条　注册登记系统为国务院碳交易主管部门和省级碳交易主管部门、重点排放单位、交易机构和其他市场参与方等设立具有不同功能的账户。参与方根据国务院碳交易主管部门的相应要求开立账户后，可在注册登记系统中进行配额管理的相关业务操作。

第三章　排放交易

第十八条　碳排放权交易市场初期的交易产品为排放配额和国家核证自愿减排量，适时增加其他交易产品。

第十九条　重点排放单位及符合交易规则规定的机构和个人（以下简称交易主体），均可参与碳排放权交易。

第二十条　国务院碳交易主管部门负责确定碳排放权交易机构并对其业务实施监督。具体交易规则由交易机构负责制定，并报国务院碳交易主管部门备案。

第二十一条　第十八条规定的交易产品的交易原则上应在国务院碳交易主管部门确定的交易机构内进行。

第二十二条　出于公益等目的，交易主体可自愿注销其所持有的排放配额和国家核证自愿减排量。

第二十三条　国务院碳交易主管部门负责建立碳排放权交易市场调节机制，维护市场稳定。

第二十四条　国家确定的交易机构的交易系统应与注册登记系统连接，实现数据交换，确保交易信息能及时反映到注册登记系统中。

第四章　核查与配额清缴

第二十五条　重点排放单位应按照国家标准或国务院碳交易主管部门公布的企业温室气体排放核算与报告指南的要求，制定排放监测计划并报所在省、自治区、直辖市的省级碳交易主管部门备案。

重点排放单位应严格按照经备案的监测计划实施监测活动。监测计划发生重大变更的，应及时向所在省、自治区、直辖市的省级碳交易主管部门提交变更申请。

第二十六条　重点排放单位应根据国家标准或国务院碳交易主管部门公布的企业温室气体排放核算与报告指南，以及经备案的排放监测计划，每年编制其上一年度的温室气体排放报告，由核查机构进行核查并出具核查报告后，在规定时间内向所在省、自治区、直辖市的省级碳交易主管部门提交排放报告和核查报告。

第二十七条　国务院碳交易主管部门会同有关部门，对核查机构进行管理。

第二十八条　核查机构应按照国务院碳交易主管部门公布的核查指南开展碳排放核查工作。重点排放单位对核查结果有异议的，可向省级碳交易主管部门提出申诉。

第二十九条　省级碳交易主管部门应当对以下重点排放单位的排放报告与核查报告进行复查，复查的相关费用由同级财政予以安排：

（一）国务院碳交易主管部门要求复查的重点排放单位；

（二）核查报告显示排放情况存在问题的重点排放单位；

（三）除（一）、（二）规定以外一定比例的重点排放单位。

第三十条　省级碳交易主管部门应每年对其行政区域内所有重点排放单位上年度的排放量予以确认，并将确认结果通知重点排放单位。经确认的排放量是重点排放单位履行配额清缴义务的依据。

第三十一条　重点排放单位每年应向所在省、自治区、直辖市的省级碳交易主管部门提交不少于其上年度经确认排放量的排放配额，履行上年度的配额清缴义务。

第三十二条 重点排放单位可按照有关规定，使用国家核证自愿减排量抵消其部分经确认的碳排放量。

第三十三条 省级碳交易主管部门每年应对其行政区域内重点排放单位上年度的配额清缴情况进行分析，并将配额清缴情况上报国务院碳交易主管部门。国务院碳交易主管部门应向社会公布所有重点排放单位上年度的配额清缴情况。

第五章 监督管理

第三十四条 国务院碳交易主管部门应及时向社会公布如下信息：纳入温室气体种类，纳入行业，纳入重点排放单位名单，排放配额分配方法，排放配额使用、存储和注销规则，各年度重点排放单位的配额清缴情况，推荐的核查机构名单，经确定的交易机构名单等。

第三十五条 交易机构应建立交易信息披露制度，公布交易行情、成交量、成交金额等交易信息，并及时披露可能影响市场重大变动的相关信息。

第三十六条 国务院碳交易主管部门对省级碳交易主管部门业务工作进行指导，并对下列活动进行监督和管理：

（一）核查机构的相关业务情况；

（二）交易机构的相关业务情况。

第三十七条 省级碳交易主管部门对碳排放权交易进行监督和管理的范围包括：

（一）辖区内重点排放单位的排放报告、核查报告报送情况；

（二）辖区内重点排放单位的配额清缴情况；

（三）辖区内重点排放单位和其他市场参与者的交易情况。

第三十八条 国务院碳交易主管部门和省级碳交易主管部门应建立重点排放单位、核查机构、交易机构和其他从业单位和人员参加碳排放交易的相关行为信用记录，并纳入相关的信用管理体系。

第三十九条 对于严重违法失信的碳排放权交易的参与机构和人员，国务院碳交易主管部门建立“黑名单”并依法予以曝光。

第六章 法律责任

第四十条 重点排放单位有下列行为之一的，由所在省、自治区、直辖市的省级碳交易主管部门责令限期改正，逾期未改的，依法给予行政处罚：

（一）虚报、瞒报或者拒绝履行排放报告义务；

（二）不按规定提交核查报告。

逾期仍未改正的，由省级碳交易主管部门指派核查机构测算其排放量，并将该排放量作为其履行配额清缴义务的依据。

第四十一条　重点排放单位未按时履行配额清缴义务的，由所在省、自治区、直辖市的省级碳交易主管部门责令其履行配额清缴义务；逾期仍不履行配额清缴义务的，由所在省、自治区、直辖市的省级碳交易主管部门依法给予行政处罚。

第四十二条　核查机构有下列情形之一的，由其注册所在省、自治区、直辖市的省级碳交易主管部门依法给予行政处罚，并上报国务院碳交易主管部门；情节严重的，由国务院碳交易主管部门责令其暂停核查业务；给重点排放单位造成经济损失的，依法承担赔偿责任；构成犯罪的，依法追究刑事责任：

（一）出具虚假、不实核查报告；

（二）核查报告存在重大错误；

（三）未经许可擅自使用或者公布被核查单位的商业秘密；

（四）其他违法违规行为。

第四十三条　交易机构及其工作人员有下列情形之一的，由国务院碳交易主管部门责令限期改正；逾期未改正的，依法给予行政处罚；给交易主体造成经济损失的，依法承担赔偿责任；构成犯罪的，依法追究刑事责任：

（一）未按照规定公布交易信息；

（二）未建立并执行风险管理制度；

（三）未按照规定向国务院碳交易主管部门报送有关信息；

（四）开展违规的交易业务；

（五）泄露交易主体的商业秘密；

（六）其他违法违规行为。

第四十四条　对违反本办法第四十条至第四十一条规定而被处罚的重点排放单位，省级碳交易主管部门应向工商、税务、金融等部门通报有关情况，并予以公告。

第四十五条　国务院碳交易主管部门和省级碳交易主管部门及其工作人员，未履行本办法规定的职责，玩忽职守、滥用职权、利用职务便利牟取不正当利益或者泄露所知悉的有关单位和个人的商业秘密的，由其上级行政机关或者监察机关责令改正；情节严重的，依法给予行政处罚；构成犯罪的，依法追究刑事责任。

第四十六条　碳排放权交易各参与方在参与本办法规定的事务过程中，以不正当手段谋取利益并给他人造成经济损失的，依法承担赔偿责任；构成犯罪的，依法追究刑事责任。

第七章　附　则

第四十七条　本办法中下列用语的含义：

温室气体：是指大气中吸收和重新放出红外辐射的自然和人为的气态成分，包括二氧化碳（CO_2）、甲烷（CH_4）、氧化亚氮（N_2O）、氢氟碳化物（HFCs）、全氟化碳（PFCs）、六氟化硫（SF_6）和三氟化氮（NF_3）。

碳排放：是指煤炭、天然气、石油等化石能源燃烧活动和工业生产过程以及土地利用、土地利用变化与林业活动产生的温室气体排放，以及因使用外购的电力和热力等所导致的温室气体排放。

碳排放权：是指依法取得的向大气排放温室气体的权利。

排放配额：是指政府分配给重点排放单位指定时期内的碳排放额度，是碳排放权的凭证和载体。1 单位配额相当于 1 吨二氧化碳当量。

重点排放单位：是指满足国务院碳交易主管部门确定的纳入碳排放权交易标准且具有独立法人资格的温室气体排放单位。

国家核证自愿减排量：是指依据国家发展和改革委员会发布施行的《温室气体自愿减排交易管理暂行办法》的规定，经其备案并在国家注册登记系统中登记的温室气体自愿减排量，简称 CCER。

第四十八条　本办法自公布之日起 30 日后施行。